LE SACRE

ET
COVRONNEMENT
DE
LOVYS XIV.

ROY DE FRANCE
ET DE NAVARRE,

Dans l'Eglise de Reims, le septiéme Iuin 1654.

Où toutes les Ceremonies, Seances des Cardinaux, Prelats, Officiers de la Couronne, & autres, auec leurs fonctions : sont fidelement décrites.

Par l'ordre du Chapitre de l'Eglise Metropolitaine de Reims.

A REIMS,

Chez la Veuue FRANÇOIS BERNARD, Imprimeur ordinaire du ROY : ruë S. Etienne, au Griffon d'or.

M. DC. LIV.

LE SACRE
ET COVRONNEMENT
DE LOVIS XIV. ROY
DE FRANCE ET DE
NAVARRE.

IL n'apartient pas à toute forte de perfonnes de parler du Sacre de nos Roys. Comme la fainte Ampoule ce myftcrieux prefent du Ciel, ne peut étre touchée que par des mains facrées, comme cette precieufe liqueur, ce Baûme diuin quelle enferme, ne peut étre appliqué que fur des teftes propres à remplir des Couronnes, auffi femble-il que la langue qui en pourroit former quelque excellent difcours, deuroit étre confacrée par la même Onction : & ainfi il n'y auroit au plus que ceux qui en font l'application, ou ceux qui la reçoiuent, qui pourroient dignement exprimer leur penfée fur vn fujet de

A 2

de ſi grande importance & d'vne ſi profonde veneration ; Les vns ſont Princes de l'Egliſe, les autres ſont Roys du premier Royaume du móde : ceux-la peuuent parler de ce qu'ils font, ceux-cy de ce qu'ils reſſentent: C'eſt à ces grandes Ames qu'il appartient ſeulement de s'expliquer ſur cette grande Action : pour les Autres elles ſeront toûjcurs au deſſous du Myſtere, & ſi quelqu'vn ſe mêloit de rapporter au moins ce qu'il auroit veu, il faudroit que ce ne fut pas ſeulement auec des paroles filées de ſoie, comme vn Ancien vouloit qu'on parlat des Roys, mais auec des paroles auſſi douces & auſſi parfumées que l'étoit l'Huile dont ſe fit le premier Sacre, & les autres enſuite, *Ampulla odoratiſſimi liquoris*, ainſi qu'elle eſt appellée par quelques Autheurs. Il ne faudroit pas moins de douceur, ny moins de parfum dans les paroles ; & cét odeur ſi extraorordinaire n'eſt pas l'effet, ny la compoſition d'vne ſimple & commune induſtrie.

L'Eglise même de Reims, qui a toûjours conſerué ce que les Anges luy ont confié, & dans la même force, & dans la même odeur en reſſent bien le plaiſir, & plus ſenſiblement que jamais dans la derniere effuſion: mais elle ne ſe trouue pas capable de témoigner au dehors ce qu'elle goûte au dedãs, trop heureuſe ſi dans le tranſport ou elle eſt, elle pouuoit au moins en faire paroitre quelque foible expreſſion. Elle ſçait verita-blement que cette Onction celeſte dont les Roys ſont ſacrés, eſt vne ſource inépuiſable de faueurs & de prerogatiues qui les éleuent au deſſus des plus grands Roys de la terre; elle ſçait que la Religion Chrétienne n'oublie rien de toutes ſes Ceremo-nies les plus auguſtes, que toute la pompe & la magnificence Royale fait ſes efforts dans cette occaſion: elle a encore deuant les yeux ce qui s'eſt paſſé il y a peu de jours, elle ſe ſou-uient de ce qui s'eſt toûjours fait en pareilles rencontres, & ſur tout, de

A 3

ce qui fut dit au Sacre de Clouis,
lors que ce Prince tout rauy & tout
émeu, demandoit au grand S. Remy,
fi ce n'étoit pas le Paradis, au moins
quelque rayon de la gloire qui luy
étoit promife, ou quelque auant-
gouft des felicitez de l'autre vie.
L'Eglife de Reims à tout cela aufli
prefent que le dernier Sacre; elle s'en
réjoüit, mais ne trouuant pas des
paroles affez pompeufes pour com-
muniquer fa joye, elle fe tait & en
reuient toûjours à cette penfée, qu'il
n'apartient pas à toute forte de perfonnes de parler du Sacre de nos
Roys.

Mais pour ne prendre pas les chofes
de fi haut, & n'aller pas chercher
céte difficulté dans ce qu'il y a de
plus referué en cette confecration;
nous la trouuerons dans des raifons
plus fimples & plus proportionnées à
la veuë de toute forte d'efprits. N'eft-
il pas vray que dans le deffein même de rapporter feulement l'ordre
& la fuitte des ceremonies du Sacre,

ſans toucher à ce qu'il y a de plus
caché , qu'en ce deſſein tout mo-
deſte qu'il eſt , il y a encore dequoy
arréter beaucoup de perſonnes qui
l'auroient entrepris : Et en effet, ſi
l'entrée du lieu ou l'on ſacre les Roys
n'eſt pas des plus aiſées , on peut dire
auſſi que la deſcription des Ceremonies qui s'y obſeruent, n'eſt pas fa-
cile à tous ceux qui ont le droit ou
le bon-heur d'y entrer ; il eſt diffi-
cile de voir le Sacre , & plus encor
de le depeindre à ceux qui l'ont veu;
ſoit qu'il ne ſoit pas dans ſon jour
pour tout le monde qui le regarde,
ſoit que la plus part ſoient ébloüis
par le trop grand éclat , ſoit qu'il y
ait tant de belles choſes à remarquer
que la preſence de l'vne face perdre
l'idée & la memoire de l'autre.

Que ſi malgré toutes ces conſide-
rations , il a fallu donner quelque
choſe au public , & luy faire voir
quelques traits d'vne peinture que
l'on ſçait aſſez ne pouuoir répondre
à l'original; perſonne ne pouuoit en

A 4

dresser le modele, que ceux qui n'ont pas assez de presomption pour aller au delà de ce qu'on leur demande, mais qui ont assez d'adresse & de construction, pour demeurer dans les termes que la priere des autres ou leur propre devotion leur auroit prescripts. C'est le motif & le but de ce recit. Il sera simple, pour ce qu'il ne pénétre point dans le fond du Sacre; mais il sera veritable & fidele, pource qu'il ne laisse rien de l'appareil exterieur, & de toutes les circonstances qui l'accompagnent. Et quoy qu'il soit fait par ordre exprés d'vn Chapitre, qui semble auoir d'autant plus d'interét dans cette glorieuse solennité, qu'il n'en a pas seulement été le témoin & l'admirateur, mais participant a l'honneur des employs & des fonctions ; tout l'interét neanmoins qu'il y pretend c'est celuy de la verité, & d'autant plus qu'il est obligé d'en étre le depositaire, & le protecteur dans son Eglise.

Il y en aura peut-étre d'autres ,

aufquels l'affaire ne touchera pas de
fi prés, qui voudront fe rendre parti-
fans de la même verité , pource quelle
regarde tout l'Etat dõt ils font partie :
à eux permis : mais ils nous perme-
tront auffi de leur dire que ce ne fera
jamais auec tant de zele, ny tant de
fincerité que l'Eglife de Reims : elle
qui doit autant cherir & honorer les
Roys, qui font pour ainfi dire confa-
crés dans fon fein, qu'elle tire degloire
& de reputation de leur Sacre. Elle
en parle donc malgré fes premiers
fentimens , elle fe le reprefente tel
qu'il à été , & pour fa propre fatis-
faction , & pour celle de toute la
France. Ce n'eft pas qu'elle croye fe
figurer jamais, ny imprimer le Sacre
de Lovys XIV. dans le cœur de fes
enfans , auec le même luftre & la
même fplendeur qu'il à paru dans fon
Chœur : elle n'a pas conçeu ny or-
donné vn projet fi releué , elle fe
contente de faire voir la verité toute
nuë , fans fe metre en peine de luy
donner des graces & des ornemens,

à peu prés comme cette même verité paroit assés belle dans le Sacre de Clouis, quoy qu'il ne soit representé que par des pierres au haut de son Portail.

C'ét ainsi que dans la structure de ce discours, dans les caracteres de cét écrit, quoy que rudes & peu delicats, on verra le Roy Sacré & couronné, mais non pas cét air, ce port, ce rare & merueilleux temperament d'amour & de majesté, qui reluisoit sur son visage: on y verra la Reyne, mais non pas les douces émotions qui de temps en temps souleuoient son cœur, en voyant la meilleure partie de soy-même si majestueusement chargée d'vn Sceptre & d'vne Couronne. L'agreable & illustre personne de Monsieur aura sa place dans ce tableau, non pas tous les transports, les agréemens, toutes les aymables complaisances de ce digne frere du meilleur Rey du monde. Et pour celuy donc le Mynistere étant si necessaire à la conduite de ce Royaume,

ne pouuoit pas moins l'être au Sacre,
& au Triomphe de son Roy & du
nôtre, qu'on ne pretende pas devoir
icy tous les beaux & genereux mou-
uemens de ce grand esprit, il ref-
semble à l'Ange Tutelaire de la
France, les Anges ne se depeignent
point. Pour le reste, on le verra dans
la suitte.

Et pour commencer à suiure le
dessein que nous nous sommes pro-
posé, c'est à dire, de rapporter toutes
les particularitez du Sacre le plus fidelement, & le plus nettement qu'il
nous sera possible. Voyons l'arriuée
& la reception du Roy à la Porte de
la Ville.

ARRIVEE ET RECEPTION
DV ROY.

IL semble que cette arriuée ne soit
point de nôtre sujet, aussi ne nous
arréterons nous pas beaucoup à parler
d'elle, ny de la reception du Roy &
de la Reyne, qui se fit à vne lieuë

de la Ville le troisiéme de Iuin 1654.
Leurs Majestez furent receuës par
les Magistrats, accompagnez de deux
mille Habitans fort bien montez, &
suiuis de cinq mille hommes de pied
sous les armes, qui bordoient les
chemins, & faisoient retentir l'air de
tant d'acclamations de joye & de con-
tentement, qu'elles exprimoient bien
mieux leurs affections que les Arcs
de triomphe, & les autres somptu-
eux ornemens qu'ils auroient emplo-
yez, si vn ordre contraire n'eut donné des bornes à leur zele. Le Roy
ayant receu les Clefs d'argent à la
Porte de la Ville, par les mains du
Lieutenant des Habitans, il vint dans
le Carosse de la Reyne descendre
deuant le grand Portail de l'Eglise:
(Ce grand chef-d'œuure est assez
celebre, & pourroit passer pour vn
des miracles du monde, Le Sacre
de Clouis qui y est representé en grandes & magnifiques figures il y a si lon-
temps, n'est pas la moindre partie
qui pourroit être considerée dans cette

rencontre.) Sa Majesté étant descenduë, fut receuë à l'entrée de l'Eglise par les Chanoines, tous en Chappe de drap d'or : elle se mit aussi-tost à genoux sur vn riche Carreau, & M. l'Euéque de Soissons reuétu pontificalement precedé de sa Crosse, assisté des Euéques de Beauuais & de Noyon, & de son Coadjuteur l'Euéque de Cesarée tous en même habit. Ledit Euéque de Soissons (ayant été prié par le Chapitre, le Siege Archiepiscopal de Reims vacant, de tenir le lieu de leur Archeuéque en cette sacrée Ceremonie) presenta l'eau benite à sa Majesté, & le Texte de l'Euangile porté par vn Chanoine en habit de Diacre; & le Roy leué reçeut son compliment, & ensuitte les sousmissions du Chapitre par la bouche du grand Archidiacre Chanoine & Senéchal, deputé à cét effet; puis le Chantre de l'Eglise commença le Répon suiuant, qui fut continué par la Musique.

Responsorium.

Ecce ego mitto Angelum meum, qui præcedat te, & custodiat semper. Observa, & exaudi vocem meam, & inimicus ero inimicis tuis, & affligentes te affligam, & præcedet te Angelus meus.

℣. *Israël si me audieris, non erit in te Deus recens, neque adorabis Deum alienum: ego enim Dominus. Observa & audi vocem meam, & inimicus ero inimicis tuis, &c.*

Le Clergé rentra dans le Chœur en ordre de procession, & le Roy marchant le dernier aprés les Euéques, fut conduit sur vn marche-pied preparé deuant le grand Autel ; la Reyne auprés du Roy ; Monsieur deuant elle ; l'Euéque de Soissons sur le degré de l'Autel : l'Antienne

Beata Dei genitrix Maria, virgo perpetua, templum Domini, sacrarium Spiritus sancti, sola sine exemplo placuisti fœmina Iesu Christo : ora pro populo, interueni pro clero, intercede pro deuoto fœmineo sexu fut chantée en

l'honneur de la Vierge, & enfuitte le
Te Deum par l'Orgue & la Mufique,
pendant que les Canons & les falues
continuelles de plus de huit mille
hommes faifoient vn autre concert,
qu'on entendoit bien de plus loin.
L'Euéque de Soiffons acheua par les
Oraifons fuiuantes.

℣. *Ora pro nobis fancta Dei genitrix.*

℟. *Vt digni efficiamur promiffionibus*
   Chrifti.

℣. *Domine faluum fac Regem.*

℟. *Et exaudi nos in die qua inuocaue-*
   rimus te.   *Oremus.*

Deus qui fcis genus humanum nulla
virtute poffe fubfiftere, concede
propitius : vt famulus tuus LVDOVICVS
quem populo tuo voluifti præferri, ita
tuo fulciatur adjutorio quantò quibus
potuit præeffe, valeat & prodeffe.

Concede nos famulos tuos quæfumus
Domine Deus, perpetua mentis &
corporis falute gaudere : & gloriofa
beatæ Mariæ femper virginis intercef-
fione à præfenti liberari triftitia, &
æterna perfrui lætitia.

Qvæsumus omnipotens Deus : vt famulus tuus Rex noster LVDOVI-CVS *qui tua miseratione suscepit regni gubernacula, virtutum etiam omnium percipiat .... quibus decenter ornatus & vitiorum monstra deuitare, hostes superare, & ad te, qui via, veritas, & vita es, gratiosus valeat peruenire. Per Dominum nostrum &c.*

Ces prieres finies & la benedictiõ donnée, le Roy se retira au Palais Archiepiscopal paré de plus riches ameublemens de la Couronne. Les Chanoines s'y trouuerent aussi-tôt en Robbe & Bõnet, pour rẽdre leurs tres-humbles respects à sa Majesté, & par les offres des prieres de l'Eglise, & des presens ordinaires de Pain & de Vin luy faire hommage de leurs biens & de leur vie.

DISPOSITION DE L'EGLISE.

PVisque la decoration de l'Eglise, & la disposition des Sieges, Theatres, & Echaffauts, contribuent beaucoup à la magnificéce de cette illustre Action,

Action : dont nous entreprenons de
rapporter les particularités, & fer-
uent auſſi à les mieux faire conoître ;
il ne fera pas hors de propos d'en faire
la deſcription en peu de mots, auant
que de parler des ceremonies du Sacre.

L'Egliſe depuis les hautes Galeries
juſqu'au bas, tant dans le Chœur
que dans la Nef, & les deux aiſles,
étoit tenduë & ornée des plus belles
& plus riches tapiſſeries de la Couronne : le marchepied de l'Autel &
tout le paué du Chœur couuert de
grands tapis de Turquie, & le grand
Autel, outre ſon marbre, & ſon or
releué en figures antiques & enrichy d'vne infinité de pierres precieu-
ſes dont il eſt compoſé, étoit encore
paré des riches & precieux ornemens
de Satin blanc en broderie d'or, que
le Roy auoit donné la veille de ſon
Sacre auec le reſte de la Chapelle :
ſur le même Autel fut poſé vne riche
Chapelle de diamens, laquelle appartient à la Couronne, accompagnée de
deux Reliquaires, dont l'vn eſt le Chef

B

LE SACRE

de S. Louys, donné par Louys XIII.
à son Sacre, & l'autre est le Chef de
Saint Remy, d'argent vermeil doré,
pesant cent marcs, il est porté par
deux Anges de part & d'autre, &
soûtenu d'vn pied d'Estal, qui a d'vn
côté l'effigie du Roy, & de l'autre
l'inscription suiuante.

LVDOVICVS XIV. Galliarum &
Nauarra Rex Christianissimus post se-
datos domi tumultus, forisque partas
cælesti ope victorias, Sacris Remensibus
vngendus, hoc anno Remigio pietatis
& gratitudinis suæ monumentum di-
cauit anno reparata Salutis 1654.
pridie calendas Iunij.

Au bas du degré deuant le grand
Autel, étoit la Chaire qui deuoit seruir
à l'Euéque de Soissons, pour officier, couuerte (comme tous les autres
bancs, & sieges dont sera parlé cy-
aprés) de Velours violet parsemé de
fleurs de Lys d'or : vis-a-vis, à huit
pieds ou enuiron de ladite chaire,
étoit vn haut Daiz de huit pieds en
quarré, & d'vn pied de haut, couuert

DE LOVYS XIV.

d'vn tapis de Velours violet, en broderie de fleurs de Lys d'or , & sur
iceluy , vn appuy d'Oratoire couuert
d'vn autre tapis , vn fautueil , & deux
Carreaux, auec vn grand Daiz suspen-
du audessus preparé pour le Roy , le
tout de pareille étoffe: au milieu entre
la chaire de l'Officiant & ledit appuy,
vn grand Carreau de cinq quartiers de
long de semblable étoffe , sur lequel
le Roy deuoit se prosterner auec l'E-
uéque de Soissons , pendant qu'on
chanteroit la Litanie.

Derriere à cinq pieds du fautueil
du Roy, étoit vn siege pour le Connestable : vn autre trois pieds plus
éloigné pour le Chancelier ; & plus en
arriere vn banc pour le grand Maître,
le grand Chambellan, & le premier
Gentil-homme de la Chambre.

A côté droit de l'Autel , fut mis
vn banc pour les Pairs Ecclesiastiques;
derriere lequel il y en auoit vn autre
pour Messieurs les Cardinaux : plus
loin, deux autres pour les Prelats qui
n'officieroient point ; plus bas encore

au deſſous des Pairs Eccleſiaſtiques, & des Prelats, on auoit diſpoſé d'autres bancs pour les Conſeillers d'Etat, Maitres des Requétes, & Secretaires du Roy : Plus haut que le banc des Pairs Eccleſiaſtiques, a côté de l'Autel, il y en auoit vn autre pour les Euéques qui étoient priez de chanter la Litanie ; & derriere, deux autres bancs pour les douze Procedants & aſſiſtans Diacres & ſous-Diacres Chanoines de l'Egliſe de Reims.

Du même côté entre-deux pilliers à douze pieds de haut, étoit dreſſée vne Tribune en forme d'Oratoire pour la Reyne, la Reyne d'Angletere, & les autres Princeſſes qui l'accompagneroient ; & joignant icelle, vn Echaffaut pour les Filles de la Reyne & Dames de condition.

A côté gauche de l'Autel, vis a vis du banc des Pairs Eccleſiaſtiques, étoit vn Siege auec vn marche-pied de demy pied de haut pour Monſieur le Duc d'Anjou, qui deuoit repreſenter le Duc de Bourgongne, &

contre iceluy vn banc pour les autres Pairs Laïcs, derriere lesquels
étoient des bancs pour les Maréchaux de France, & autres grands
Seigneurs : Plus bas, pour les Secretaires d'Etat : Et plus bas en arriere,
pour les Officiers de la Maison du
Roy.

De ce même côté entre-deux pilliers étoit éleué vn Echaffaut à douze
pieds de haut pour le Nonce du Pape,
pour les Ambassadeurs, & Residents
des Princes étrangers conuiés au
Sacre.

Les hautes chaires du Chœur é-
toient reseruées pour les Chanoines,
à l'exception des quatre premieres
du côté droit pour les quatre Cheualiers de l'ordre qui deuoient porter
les Offrandes, & des quatre du côté
gauche, pour les quatre Barons qui
deuoient conduire la sainte Ampoule.

Depuis l'entrée, qui est au milieu,
des chaires des Chanoines, de part &
d'autre furent dressés deux grands
Escailliers jusqu'au Iubé, de six pieds

B 3

de large, ayant chacun cinquante
marches, couuerts par bas d'vn tapis
de trois largeurs, deux de drap d'or,
& celle du milieu, de Velours violet,
femé de fleurs de lys d'or, & les ac-
coudoirs de part & d'autre couuert
de pareil Velours.

Les chaires des Chantre & Sous-
chantre furent pofées des deux côtés
entre lefdits Efcailliers & les chaires
des Chanoines, l'efpace d'entre ies
deux Efcailliers étant demeuré libre
pour l'entrée, & la fortie du Chœur.

Sur le milieu du Iubé, dont les ba-
luftres du côté du Chœur auoient été
démolis, fut éleué le Thrône, fur lequel le Roy deuoit s'affeoir aprés le
Sacre, fur vne plate-forme de trois
marches de haut, de huit pieds de
long, & cinq de large, fur laquelle
étoit pofé vn appuy d'Oratoire fur le
deuant, vn fautueil fur le derriere,
& vn grand Daiz au deffus, le tout
de Velours violet, femé de fleurs de
lys d'or, en telle forte que le Roy
étant en fon fiege, pourroit être veu

tant de la Nef, par l'ouuerture qui
eſt au deſſous du Crucifix en forme
d'Arcade, que du Chœur, ayant le
viſage tourné vers l'Autel. Audeuant
du Thrône du Roy ſur le plan du Iubé, étoit poſé vn ſiege pour le Conneſtable ; à la droite ſur la ſeconde
marche du Thrône, étoit la place du
grand Chambellan de France, & à
ſa gauche ſur la derniere & plus baſſe
marche, celle du premier Gentil-
homme de la Chambre ; ſur vn petit
Echaffaut entre les deux Eſcaliers,
auançant vn peu dans le Chœur, à
plain pied dudit Iubé, étoit vn ſiege
pour le Chancelier à la droite, & vn
autre pour le grand Maitre à la gauche : Contre les baluſtres du Iubé
qui regardent la Nef à la droite du
Thrône du Roy, étoit vn banc pour
les Pairs Eccleſiaſtiques ; & à la gauche
vn ſiege ayant vn petit marche-pied
par bas pour Monſieur le Duc d'Anjou, repreſentant le Duc de Bourgongne ; & enſuitte vn banc poſé contre
ſon ſiege ſur la même ligne pour

B 4

les autres Pairs laiz.

Aubout du Iubé à côté droit du Thrône, il y auoit vn Autel auec vn Daiz au deſſus ou vn Aumônier du Roy deuoit dire vne Meſſe baſſe , auſſi-tôt que la grande ſeroit commencée.

Depuis le Iubé juſqu'aux petites portes du Chœur de part & d'autre, audeſſus des chaires des Chanoines, furent dreſſées des Galeries en Amphithéatres pour les perſonnes de condition ; comme auſſi vn échaffaut derriere le grand Autel , tenant toute la largeur de l'Egliſe pour la Muſique du Roy ; mais par ce qu'il ne ſe trouua pas aſſés commode pour les voix, elle fut placée dans la Galerie audeſſus des premieres chaires des Chanoines du côté gauche.

Dans l'arriere-Chœur entre le grand Autel & celuy qu'on appelle icy du Cardinal de Loraine , furent dreſſées des tables pour les ornements des Euêques , & des Chanoines officiants.

LA VEILLE DV SACRE.

LE Samedy sixiéme Iuin, veille du Sacre, le Roy assista aux premieres Vépres, qui furent chantées en l'Eglise de Reims, par les deux Musiques ; l'Euéque de Soissons y officiant pontificalement, se mit dans la premiere chaire du coté droit, & les Euéques de Beauuais, Amiens, Senlis, Chaalons, Noyon, Cesarée ; en Rochet & Camail de part & d'autre, auec tous les Chanoines aux hautes chaires, les Chapellains & habitués aux basses ; le Roy se mit deuant l'Autel sur son haut Daiz dont est parlé cy-deuant, & demeura toûjours à genoux pendant les Vépres : Monsieur à sa droite vn peu au dessous, ayant le Maréchal du Plessy Praslin son Gouuerneur derriere luy ; plus bas Messieurs les Cardinaux Grimaldi & Mazarin en Rochet & Camail rouge, & ensuitte les Archeuéques de Bourges, Roüen, Thoulouze, & les Euéques de Bayonne, Rennes,

LE SACRE

Montauban , Toulon , Cominges,
Rhodez, Leon, Coutances, S. Paul,
S. Pons, Agde, Conſerans, & autres
en nombre de quinze tous en Rochet
& Camail violet; le grand Autel étoit
paré des ornements dont le Roy auoit
fait preſent ce même jour à l'Egliſe.

A la fin du premier Pſeaume, vn
Chanoine de l'Egliſe de Reims conduit par le Maître des ceremonies ,
ayant apporté de la Sacriſtie le Chef
de Saint Remy (dont il eſt desja fait
mention) couuert d'vne tauaiolle de
Satin blanc en broderie d'or, le mit
entre les mains du Maréchal de Pleſſy
Praſlin , pour le preſenter à Monſieur,
& Monſieur l'ayant porté au Roy , le
tenant encore d'vn côté , & le Maréchal le ſoûtenant de l'autre, il fut
poſé par ſa Majeſté ſur l'Autel , pour
en faire vn preſent à l'Egliſe de Reims:
Les Vépres finies l'Euéque de Dol
précha , & prit pour ſon texte ces paroles de Dauid : *Inimicos ejus induam
confuſione, ſuper ipſum autem efflorebit
ſanctificatio mea.*

LE IOVR DV SACRE.

LE Dimanche septiéme Iuin, jour auquel se deuoit faire cettesainte Ceremonie du Sacre , l'Euéque de Soissons & autres Prelats qui deuoient officier , arriuerent dans le Chœur auec les Chanoines & habitués de l'Eglise , sur les quatre heures & demy du matin , & s'étans retirés derriere le grand Autel se reuétirent de Chappes de drap d'or , & d'autres ornements necessaires: les Chanoines ainsi reuétus , se mirent dans les hautes chaires, & les habitués dans les basses.

L'Euéque de Soissons en Rochet & Camail , ayant l'Etolle & la Chappe, auec sa Mitre & sa Crosse , arriua deuant l'Autel en cét ordre. Premierement marchoient le Chantre & le Sous-chantre en Chappe auec leurs bâtons d'argent ; suiuoient aprés les Euéques de Rhenes, S. Paul, Coutances, & Agde, priés pour chanter les Litanies en Chappe & Mitre sans Etolle ; Aprés ces quatre Euéques,

les cinq Pairs Ecclefiaftiques repre-
fentés par les Euéques de Beauuais,
de Chaalons & de Noyon, & par les
Archeuéques de Bourges & de Roü-
en, tous reuétus d'Aubes & de Chappes auec leurs Mitres: puis aprés les
Euéques d'Amiens & de Senlis, reuétus de Dalmatique & Tunique,
pour chanter l'Euangile & l'Epitre,
ayant chacun leur Mitre, l'Euéque
de Soiffons marchoit le dernier precedé de fa Croffe, & affifté de deux
Chanoines de Reims en Chappe,
nommés par le Chapitre pour les ceremonies. aprés auoir fait la reuerence à l'Autel, il s'affit fur la chaire
qui luy étoit preparée, ayant le vifa-
ge tourné vers le Chœur. Les Pairs
Ecclefiaftiques fe mirent auffi en leurs
feances, & le Chantre & Sous-chantre dans leurs chaires au Chœur.

Quelque temps aprés enuiron les
cinq heures & demy, les quatre Seigneurs, qui feront nommés enfuitte,
étans partis du Palais Archiepifco-
pal pour aller à l'Abbaye de S. Remy

afin de faire apporter la fainte Ampoule , les fix Pairs laiz arriuerent
dudit Palais deuant le grand Autel
repreſentés par Monſieur, les Ducs de
Vandoſme , d'Elbeuf, de Candale,
de Roüanois , & de Bournonuille
reuêtus de veſtes ou Tuniques de
toille d'or & d'argent & ſoye aurore,
longue juſqu'à my-jambe, du manteau Ducal d'Eſcarlate violete , ou-
uert ſur l'épaulle droite , & enrichy
à l'ouuerture de Boutons de diaments,
doublé d'hermines , auec l'epitoge ou
collet rond auſſi d'hermines mouche-
té, de la couronne Ducale dorée ſur
vn bonnet de Satin violet , & prirent
leurs ſeances , conduits par le Maître
des ceremonies , aux ſieges qui leur
étoient preparés : La Reyne, la Reyne
d'Angletere , les Ducs d'York & Clo-
ceſter ſes fils, la Princeſſe d'Angletere
ſa fille, la Princeſſe de Comty, la Princeſſe Palatine, & la Ducheſſe de Vandoſme, accompagnées des Dames de
la Cour , le Prince Thomas & l'vn
de ſes fils, arriuerent à même temps,

dans la Tribune éleuée au côté droit de l'Autel, par vne Galerie faite expres depuis la salle du Palais Archiepiscopal ; comme aussi son Eminence, & M. le Cardinal Grimaldi , en Rochet & Chappe de tabis rouge ; l'Archeuéque de Toulouse , & les Euéques de Bayonne, de Dol , de Montauban, de Toulon , de Cominges, de Rhodés , de Leon , de S. Paul , de S. Pons , de Conserans , & autres en nombre de quinze en Rochet & Camail violet , les Marquis de Souuré & de Sourdis , le Comte Dorual , & le Duc de S. Simon Cheualiers du S. Esprit, qui deuoient porter les offrandes, auec le grand collier de l'ordre pardessus leurs Manteaux ; le Comte de Seruient Sur-intendant des Finances , les Conseillers & Secretaires d'Etat, les Maréchauts de l'Hôpital, du Plessis Praslin, d'Aumont, Dalbret, & Clairambault , le Nonce du Pape, les Ambassadeurs de Portugal, Venize, Sauoye, Malthe, Resident de Pologne, & autres , qui furent conduits par les

Maîtres des ceremonies, aux places qui leur étoient destinées.

Chacun ayant pris seance, les Pairs tant Ecclesiastiques que Laiz, s'approcherent de l'Euéque de Soissons qui leur demanda s'ils trouuoient bon de deputer les Euéques & Comtes de Beauuais & Chaalons, representans les Euéques Duc de Laon & Comte de Beauuais, pour aller querir le Roy, a quoy ils consentirent tous, & ces deux Euéques deputés, ayant les saintes Reliques penduës au col, partirent en ordre de Procession.

Premierement marchoient deux Coûtres clercs portans les Croix; suiuoient aprés les habitués, & derriere eux les Chanoines tous en Chappe, les Musiciens & Enfans de Chœur étans dans le milieu de la Procession auec le Chantre & le Sous-Chantre, le Sieur de Rhodes grand Maître des cermonies de France alloit aprés, & les Euéques de Beauuais & de Chaalons marchoiét les derniers precedés de trois Enfãs de Chœur reuétus de Chappes, l'vn des-

quelsportoit l'eaubenetier, & les deux
autres vn chandelier chacun auec vn
cierge allumé. Ils marcherent en cette
ordre par vne grande Gallerie, dreſſée
de plein-pied à la ſalle du Palais, de
quatre à cinq pieds de haut & qua-
torze de large, auec des appuis, tour-
nant autour de moité de l'Egliſe, &
continuant, depuis le grand portail de
l'Egliſe, juſqu'à la grande ſalle de
l'Archeuéché.

Les Euéques de Beauuais &
Chaalons, precedés du Chantre
& Sous-chantre, ainſi arriués juſque
dans l'Antichambre du Roy, s'appro-
cherét de la porte de ſa Chambre, & le
Chantre y ayant frappé de ſon baſton
d'argent, le Duc de Ioyeuſe grand
Chambellan, ſans ouurir la porte, dit,
que demandés vous? l'Euéque de Beauuais ayant répondu *le Roy*, le grand
Chambellan repartit *le Roy auſi*, la
même choſe fut faite pour la ſeconde
fois, & la troiſieſme fois ayant été
répondu par l'Euéque de Beauuais,
nous demandons LOVYS XIV. fils de

ce

ce grand Roy LOVYS XIII. que Dieu
nous à donné pour Roy, à l'inſtant la
porte fut ouuerte, & leſdits Euêques
de Beauuais, & de Chaalons étans
entrés dans la Chambre, precedés
deſdits Chantre & Sous-chantre, & de
l'enfant de Chœur qui portoit l'eaubenetier, approcherent du Lit de parade
ſur lequel le Roy étoit couché, vétu
d'vne chemiſe de toille d'Hollande,
& d'vne camiſolle de Satin rouge en
forme de Tunique, l'vne & l'autre fen-
duës aux endroits, par ou les ſaintes
Onctions deuoient étre faites, & par
deſſus d'vne Robe longue de toille
d'argent; ayant vne tocque de Velours
noir, garnie d'vn cordon de diamens
de tres-grand prix, d'vne plume &
d'vne double aigrette blanche, atta-
chée d'vne enſeigne de diamens.
Dans la Chambre du Roy, lors que les
Euêques entrerent, étoient le Conneſtable, le Chancelier, le grand Maître,
le grand Chambellan, le premier Gentil-homme de la Chambre, & autres.
L'Euêque & Comte de Beauuais

C

repreſentant l'Euéque & Duc de Laon (le ſiege Epiſcopal dudit Laon vacant) s'approcha du lit, preſenta l'eauë benite au Roy, & auſſi-tôt dit l'Oraiſon ſuiuante.

Oremus.

O Mnipotens ſempiterne Deus, qui famuium tuum LVDOVICVM Regi faſtigio dignatus es ſublimare : tribue quaſumus ei, vt ita hujus ſeculi curſu muliorum in commune ſalutem diſponat : quatenus à veritatis tuæ tramite non recedat. Per Dominum noſtrum &c.

Cette Oraiſon finie, leſdits Euéques de Beauuais, & de Chaalons, l'vn par la droite, & l'autre par la gauche, ſoûleuerent le Roy de deſſus ſon lit, & le menerent proceſſioncellement à l'Egliſe, par la Galerie dont eſt parlé cy-deſſus.

ARRIVEE DV ROY
A L'EGLISE.

LE Roy fut conduit à l'Egliſe en cét ordre. Le Clergé marchoit comme il étoit venu; deuant le Clergé

le grand Preuoſt de l'Hôtel auec ſes
Archers ; puis aux côtés du Clergé, les
cent Suiſſes de la garde, conduits par
le Sieur de Mommege leur Capitaine,
vétu comme auſſi ſon Lieutenant &
ſon Enſeigne de tabis blanc, le Manteau de drap noir doublé de toïlle d'ar
gent ; & tout cela precedé de douze
Trompettes, des Tambours, Fifres,
Haut-bois , Fluſtes , Muſettes , &
Sacquebouttes, tous habillés de taffetas blanc ; Et aprés , les Heraux en
habit de Velours blanc, les chauſſes
trouſſées , bas de Soie de même , la
cotte d'armes pardeſſus à la banniere
de France, & ſur le deuant leurs noms
écrits en broderie d'or, auec la tocque
de Velours blanc, tenáts leur Caducée
en main; les cent Gentil-hommes de la
Maiſon du Roy tenants leurs becs de
Corbin, côduits par le Marquis d'Humieres leur Capitaine; le Sr. de Rhodes
grand Maître des Ceremonies de France vétu de toïlle d'argent, les chauſſes
trouſſées, auec bas d'attache de Soie,
le Capot de drap noir doublé de toïlle

C 2

d'argent, & tout chamarré de paffe-
ment d'argent, auec la tocque de Velours blanc : le Maréchal d'Eftré faifant la charge de Conneftable, comme
plus ancien Maréchal de France, marchoit deuant le Roy, l'Efpée nuë au
poin, reuétu de même que les Pairs
Laiz, ayant les deux Huiffiers Maf-
fiers à fes côtez ; le Roy marchoit au
milieu des Euéques de Beauuais &
Chaalons, le Prince Eugene de Sauoye
portant fa queuë ; le Chancelier fuiuoit le Roy vétu d'vne foutane de
Satin cramoify, de fon Manteau &
Epitoge d'efcarlate rouge, rebraffé &
fourré d'hermines, fon bonnet carré
fur la tefte, fon Mortier de Chancelier
pardeffus de drap d'or, bordé & doublé
d'hermines, puis le Maréchal de Ville-
roy reprefentant le grád Maître, ayant
le Duc de Ioyeufe grand Chambellan
à fa droite, & le Comte de Viuonne
premier Gentil homme de la Chambre
à fa gauche, vétus tous trois de même
que les Pairs Laiz, le Comte de Noailles
Capitaine des gardes, commandant

la garde Escossoises tenant la droite, &
le Marquis de Charault fils, Capitaine
des gardes en quartier, la gauche, marchoient derriere le Roy, & aux côtés
les six gardes Escossoises, autrement
appellés gardes de la manche vétus de
taffetas blanc, auec leurs hoquetons
de Velours blanc, en broderie d'or &
d'argent: depuis la Chambre du Roy,
jusqu'au grand Portail, les Musiciens
de l'Eglise chantoient les Respon &
verset suiuants commencés par le
Chantre.

*Ecce ego mitto Angelum meum, qui
præcedat te, & custodiat semper. Obserua, & exaudi vocem meam, &
inimicus ero inimicis tuis, & affligentes te affligam, & præcedet te Angelus
meus.*

*℣. Israël si me audieris, non erit in te
Deus recens, neque adorabis Deum alienum: ego enim Dominus. Obserua &
audi vocem meam, & inimicus ero
inimicis tuis, &c.*

A l'entrée de l'Eglise, le Clergé s'ar-
rétant dans la Nef, l'Euéque & Comte

LE SACRE

de Chaalons reprefentant celuy de Beauuais (a caufe que celuy-cy feruoit pour l'Euéque Duc de Laon) chanta l'Oraifon fuiuante.

Oremus.

*D*Eus qui fcis genus humanum nulla virtute poffe fubfiftere, concede propitius: vt famulus tuus LVDOVICVS quem populo tuo voluifti præferri, ita tuo fulciatur adjutorio quantò quibus potuit præeffe, valeat & prodeffe. Per Dominum noftrum. &c.

Aprés ladite Oraifon le Chantre commença le Pfeaume *Domine in virtute tua lætabitur Rex,* &c. qui fut continué par les mêmes Muficiens en Faux-bourdon; pendant lequel le Roy precedé du Clergé & autres cy-deffus étant entré dans le Chœur, & auancé proche le grand Autel, fut prefenté par lefdits Euéques de Beauuais & de Chaalons, à celuy de Soiffons reprefentant l'Archeuéque de Reims, qui fe leuant de fa Chaire, & le Roy fe mettant à genoux deuant luy defcouuert, chanta l'Oraifon fuiuante.

Oremus.

OMnipotens Deus , cælestium mo-
derator, qui famulum tuum LVDO-
VICVM *ad regni fastigium dignatus es
prouehere : concede quæsumus, vt à cunctis
aduersitatibus & Ecclesiasticæ pacis
dono muniatur , & ad æternæ pacis
gaudia te donante peruenire mereatur.
Per Dominum nostrum &c.*

Ladite Oraison finie , le Roy fut
conduit par lesdits Euéques de Beauuais & de Chaalons sur son haut Daiz
vis-a-vis de la chaire de l'Euéque de
Soissons ; le Connestable prit place
derriere le Roy , sur vn siege tenant
toûjours l'épée nuë au poin, le Chancelier sur vn autre siege, vn peu plus
éloigné ; & sur vn banc au derriere
du Chancelier le grand Maitre, le
grand Chambellan à sa droite, & le
premier Gentil homme de la Chambre
à sa gauche ; le Comte de Noailles, &
le Marquis de Charault, Capitaines
des gardes , étans aux côtés de sa Majesté auec les six gardes Escossoises,
& les deux Huissiers Massiers; le Mar-

quis d Humieres, Capitaine des cent
Gentil-hommes becs de Corbin (dont
la Compagnie étoit demeuré dans la
Nef, auec les cent Suiſſes) debout
deux pas deuant le Roy à ſa gauche.
Les ſeances étant priſes, l Euéque de
Soiſſons preſenta l'eauë beniſte au
Roy, & à toute l'aſſemblée, & auſſi-
tôt le *Veni Creator* fut chanté par la
Muſique du Roy.

ARRIVEE DE LA SAINTE AMPOVLE.

LE *Veni Creator* chanté, le Chanoine ſemainier commença *Tierce*:
ſur la fin du dernier Pſaume la Sainte
Ampoule arriua à la porte de l'Egliſe,
portée par le grãd Prieur de l'Abbaye
de S Remy, en l'abſence de l'Abbé,
reuétu d'Aube, d'Eſtolle, & Chappe
de drap d'or ; il étoit monté ſur vn
Cheual blanc enuoyé par le Roy, que
deux Maitres Paleferniers de la grãde
Eſcurie conduiſoient par les reſnes, &
couuert d'vne houſe de moire d'argét,
ſous vn Daiz de pareille étoffe, porté

du Baron de Louuercy Cheualier de
la sainte Ampoule, de deux Religieux reuétus d'Aubes, & du Bailly
de ladite Abbaye, en l'absence des
trois autres Barons : aux quatre coins
du Daiz marchoient à Cheual les
quatre Seigneurs enuoyés par sa Majesté pour conduire la Ste. Ampoule,
auec chacun son Escuyer deuant soy
portant vn Guidon de taffetas blanc,
chargé des armes de France & de
Nauarre d'vn coté, & de celles des-
dits Seigneurs de l'autre ; qui étoient
les Marquis de Coislin, & de Riche-
lieu, le Comte de Biron, & le Marquis de Mansiny, dont les rangs furent reglés par le sort, quoy que chacun d'eux eut fait instance pour donner la preseance au Marquis de Mansiny, qui ne voulut jamais l'accepter.
Tous les Religieux de S. Remy marchoient deuant la sainte Ampoule en
ordre de procession, reuétus d'Aubes,
precedés de 60. ou 80. Habitans du
Chesne le Populeux sous les armes,
Tambour batant, Enseigne déployée,

& suiuis de pareil nombre. Toutes les ruës depuis l'Eglise de S. Remy jusqu'à celle de nôtre Dame étoient tapissées.

L'Euéque de Soissons aduerti de l'arriuée de la sainte Ampoule, precedé des Chanoines & habituez de l'Eglise en pareil ordre qu'ils étoient allez querir le Roy au Palais, & des Euéques Damiens, de Senlis, & de Cesarée tous en Mitre, auança jusqu'au bout de la Nef, proche du grand Portail, ou ledit grand Prieur l'attendoit sous son Daiz, qui luy presentant la sainte Ampoule dit, *Monseigneur je mets entre vos mains ce precieux tresor enuoyé du Ciel au grand S. Remy, pour le Sacre de Clouis, & des Roys ses Successeurs, Mais auparauant je vous supplie selon l'ancienne coûtume de vous obliger à me le remettre entre les mains aprés que le Sacre de nôtre grand Roy LOVYS XIV sera fait;* ce que luy ayant promis en parolle de Prelat, ledit grand Prieur luy mit la sainte Ampoule entre les mains , & à l'inſtant le Chantre commença l'Antienne ſuiuante , qui fut continuée par les Muſiciens de l'Egliſe.

Antiph. *O pretioſum munus , ô pretioſa gemma , quæ pro vnctione Francorum Regum miniſterio Angelico cælitus eſt emiſſa.*

Pendant qu'on chantoit cette Antienne, le Clergé rentra dans le Chœur en pareil ordre qu'il en étoit ſorty ; les quatre Seigneurs qui auoient conduit la Sainte Ampoule prirent place aux quatre premieres chaires hautes du côté gauche, leurs Eſcuyers tenants les quatre Guidons dans les baſſes chaires deuant eux ; l'Euéque de Soiſſons porta la Sainte Ampoule ſur l'Autel , le Roy & toute l'aſſiſtance la ſaluant auec grand reſpect ; le grand Prieur & le Treſorier de Saint Remy prirent place au côté droit de l'Autel , & y demeurerent pendant toute la ceremonie , pour preparer la Sainte Ampoule, comme il ſera dit cy-aprés , les autres Religieux étans demeurés dans

la Nef, pour l'accompagner aprés le
Sacre : vis-à-vis du grand Prieur à
côté gauche de l'Autel étoient placés
les Religieux deputés de S. Denis en
France pour preparer fur iceluy la
Couronne, le Sceptre, la main de Iuftice, l'Efpée, les Efperons, & les habits Royaux apportés dudit S. Denis,
pour feruir au Sacre & Couronnement
du Roy. l'Antienne cy-deffus acheuée
l'Euéque de Soiffons ayant quitté fa
Mitre dit l'Oraifon fuiuante.

Oremus.

OMnipotens fempiterne Deus, qui
pietatis tuæ dono, genus Regum
Francorum olei perungi decreuifti; præfta
quæfumus, ut famulus tuus Rex nofter
perunctus hac facra & præfenti unctione
fancti Pontificis Remigio emiffa diuinitus,
& in tuo feruitio femper dirigatur, &
ab omni infirmitate mifericorditer libere-
tur. Per Dominum noftrum, &c.

Aprés l'Oraifon, le Chanoine Semai-
nier commença fecre pendant que
l'Euéque de Soiffons, s'étant retiré
dans la Sacriftie preparée derriere le

grand Autel, fe reuétit de Chafuble,
& les douze Chanoines, Diacres &
fous-Diacres Procedents & Affiftans,
de Dalmatiques & de Tuniques, &
entrerent à l'Autel en cét ordre.

Premierement marchoient deux à
deux fix Chanoines fous-Diacres reuétus de Tuniques, fçauoir, quatre
Affiftans & deux Procedents, puis fix
Diacres, quatre Affiftans & deux Procedents, reueftus de Dalmatiques ;
en aprés l'Euéque de Soiffons officiant precedé de fa Croffe, & affifté
de deux Chanoines en Chappe.

Les Procedents & Affiftans Chanoines prirent place fur deux bancs
derriere les quatre Euéques qui deuoient chanter la Litanie, & l'E-
uéque de Soiffons ayant fait la reuerence à l'Autel & au Roy, s'affit fur
fa chaire deuant l'Autel, les Euéques
d'Amiens & de Senlis étans demeurés fur leurs fieges à fes côtez.

PROMESSE ET SERMENT
DV ROY.

AVssi-toſt aprés, l'Euéque de Soiſſons s'étant approché du Roy luy fit la requeſte ſuiuante pour toutes les Egliſes qui luy ſont ſujettes en ces termes.

A Vobis perdonari petimus . vt vnicuique de nobis, & Eccleſiæ nobis commiſſis Canonicum priuilegium & debitam legem atque juſtitiam conſeruetis, & defenſionem exhibeatis, ſicut rex in ſuo regno debet vnicuique Epiſcopo, & Eccleſiæ ſibi commiſſæ aquoy le Roy ſans ſe leuer de ſon ſiege, la teſte couuerte, dit

PRomitto vobis, & perdono, quod vnicuique de vobis, & Eccleſijs vobis commiſſis Canonicum priuilegium & debitam legem atque juſtitiam ſeruabo, & defenſionem (quantùm potero, adjuuante Domino) exhibebo, ſicut Rex in ſuo regno vnicuique Epiſcopo , & Eccleſiæ ſibi commiſſæ, per rectum exhibere debet.

Le Roy ayant fait cette promeſſe, les Euéques de Beauuais & de Chaalons s'oûleuerent ſa Majeſté de ſa Chaire, & étant debout, pour obſeruer toutes les anciennes formalitez, demanderent aux Seigneurs aſſiſtans, & au peuple, s'ils acceptoient Louys XIV. pour leur Roy ? & , leur conſentement receu par vn reſpectueux ſilence, l'Euéque de Soiſſons prit encore de luy le ſerment du Royaume, que ſa Majeſté fit étant aſſiſe, teſte couuerte, & tenant les mains ſur l'Euangile qu'elle baiſa à la fin.

HÆc populo Chriſtiano , & mihi ſubdito, in Chriſti promitto nomine. In primis, vt Eccleſiæ Dei omnis populus Chriſtianus veram pacem noſtro arbitrio in omni tempore ſeruet.

Item, vt omnes rapacitates, & omnes iniquitates omnibus gradibus interdicã.

Item, vt in omnibus judicijs æquitatem & miſericordiam præcipiam : vt mihi & vobis indulgeat ſuam miſericordiam clemens & miſericors Deus.

Item , de terra mea , ac juriſdictione

mihi subdita vniuersos hæreticos ab Ecclesia denotatos pro viribus bona fide exterminare studebo. Hæc omnia supradicta firmo juramento Sic me Deus adjuuet, & hæc sancta Dei Euangelia.

Aprés que le Roy eut fait ce serment, il préta encore celuy de l'ordre du S. Esprit.

BENEDICTION DE L'ESPEE.

TOut cela fait, & l'Euéque de Soissons étant assis sur sa chaire, le Roy fut conduit deuant luy par les Euéques de Beauuais & de Chaalons, & là étant debout, le Comte de Viuonne premier Gentil-homme de sa Chambre luy osta la Robe longue de toille d'argent, & ensuitte, l'officiant dit les prieres suiuantes, le Roy étant debout.

℣. *Adjutoriũ nostrum in nomine Domini.*

℟. *Qui fecit cælum & terram.*

℣. *Sit nomen Domini benedictum.*

℟. *Ex hoc nunc & vsque in seculum.*

℣. *Dominus vobiscum.*

℟. *Et cum spiritu tuo.*

Oremus.

Oremus.

Deus inenarrabilis author mundi, conditor generis humani, gubernator imperij, confirmator regni, qui ex
vtero fidelis amici tui Patriarchæ nostri
Abrahæ prælegisti Regem sæculis profu-
turum, tu præsentem Regem hunc LV-
DOVICVM cum exercitu suo per inter-
cessionem omnium Sanctorum vberi be-
ne†dictione locupleta, & in solium regni firma stabilitate connecte : visita
eum sicut Moysen in rubo, Iesum Naue
in prælio, Gedeon in agro, Samuëlem in
templo, & illa eum bene†dictione syde-
rea ac sapientiæ tuæ rore perfunde,
quam beatus Dauid in psalterio, Salo-
mon filius ejus, te remunerante percepit
è cælo. Sis ei contra acies inimicorum
lorica, in aduersis galea, in prosperis
patientia, in protectione clypeus sempi-
ternus. Et præsta, vt gentes illi te-
neant fidem, proceres sui habeant pacem, diligant charitatem, abstineant se
à cupiditate, loquantur justitiam, cu-
stodiant veritatem. Et ita populus iste
pullulet, coalitus bene†dictione æterni-

D

zatis, vt semper maneant tripudiantes in pace victores. Quod ipse praestare dignetur, qui tecum & cum Spiritu sancto sine fine permanet in saecula saeculorum. Amen.

Les prieres finies, le Roy s'assit sur vn fauteüil qui fut apporté deuant la chaire de l'Euêque de Soissons, & le Duc de Ioyeuse grand Chambellan luy chaussa les Botines ou Sandales de Velours violet en broderie de fleurs de Lys d'or, & Monsieur, tenant le lieu du Duc de Bourgogne Doyen des Pairs Laiz, luy mit les Esperons d'or apportés de S. Denys, & à l'instant les luy ôta ; Puis le Roy s'étant leué debout, l'Officiant fit la benediction de l'Espée de Charlemagne étant dans le fourreau en cette maniere.

Oremus.

EXaudi quaesumus Domine, preces nostras, & hunc gladium, quo famulus tuus LVDOVICVS se accingi desiderat, majestatis tuae dextera benedicere dignare, quatenus defensio atque *protectio possit esse Ecclesiarum , viduarum , orphanorum , omniumque Deo seruientium , contra sæuitiam paganorum , alijsque insidiantibus sit pauor terror & formido. Per Christum Dominum &c.*

La benediction faite, ce Prelat la ceignit au Roy pardessus sa camisolle, & l'ôta à même temps , puis l'ayant tirée du fourreau, qu'il laissa sur l'Autel, la mit toute nuë entre les mains de sa Majesté , disant ,

Accipe hunc gladium cum Dei benedictione tibi collatum , in quo per virtutem Spiritus sancti resistere & eijcere omnes inimicos tuos valeas , & cunctos sanctæ Dei Ecclesiæ aduersarios , regnúmque tibi commissum tutari , atque protegere castra Dei , per auxilium inuictissimi triumphatoris Domini nostri Iesu Christi. Accipe inquam , hunc gladium per manus nostras vice & authoritate sanctorum Apostolorum consecratas , tibi regaliter impositum , nostræque benedictionis officio in defensionem sanctæ Dei Ecclesiæ ordinatum diuinitus. Et esto memor de quo Psalmista prophetauit dicens: Accingere gladio tuo super fœmur tuum potentissime. Ut in hoc per eundem vim æquitatis exerceas, molam iniquitatis potenter destruas, & sanctam Dei Ecclesiam ejúsque fideles propugnes ac protegas: nec minùs sub fide falsos, quàm Christiani nominis hostes execreris ac destruas; viduas & pupillos clementer adjuves, & defendas, desolata restaures, restaurata conserues, ulciscaris injusta, confirmes bene disposita: quatenus hæc in agendo virtutum triumpho gloriosus justitiaeque cultor egregius cum mundi Salvatore cujus typum geris in nomine, sine fine merearis regnare. Qui cum Deo Patre, & Spiritu sancto vivit & regnat Deus. Per omnia saecula saeculorum. Amen.

Pendant tout cela, le Chœur chantoit l'Antienne suivante, commencée par le Chantre.

Antiph. *Confortare, & esto vir, & observa custodias Domini Dei tui, ut ambules in vijs ejus, & custodias ceremonias ejus, & praecepta ejus, & testimonia & judicia, & quocumque te verteris, confirmet te Deus.*

Aprés cette Antienne, le Roy tenant l'Espée la pointe éleuée, l'Euéque de Soissons dit l'Oraison suiuante.

Oremus.

DEus, qui prouidentia tua cælestia simul & terrena moderaris, propitiare Christianissimo Regi nostro : vt omnis hostium suorum fortitudo, virtute gladij spiritualis frangatur : ac te pro illo pugnante, penitus conteratur. Per Dominum nostrum Iesum Christum Filium tuum : Qui tecum viuit & regnat. &c.

Ladite Oraison finie, sa Majesté baisa l'Espée & l'offrit à Dieu la posant sur l'Autel : d'où l'Euéque de Soissons la reprenant, la remit encore entre les mains du Roy, qui la receut à genoux, & la déposa en celles du Connestable, qui la tint la pointe leuée deuant le Roy pendant les ceremonies du Sacre, & méme pendant le diner : Sa Majesté demeurant à genoux, l'Officiant dit les Oraisons suiuantes.

Oremus.

PRospice omnipotens Deus, serenis obtutibus hunc gloriosum Regem LVDOVICVM & sicut benedixisti Abraham, Isaac, & Iacob: sic illum largis benedictionibus spiritualis gratiæ cum omni plenitudine tuæ potentiæ irrigare atque perfundere dignare. Tribue ei de rore cæli & de pinguedine terræ: abundantiam frumenti, vini & olei, & omnium frugum opulentiam ex largitate divini muneris longa per tempora: vt illo regnante sit sanitas corporis in patria, & pax inuiolata sit in regno, & dignitas gloriosa regalis palatij maximo splendore Regiæ potestatis oculis omnium fulgeat luce clarissima coruscare, atque splendere quasi splendidissima fulgura maximo perfusa lumine videatur. Tribue ei, omnipotens Deus, vt sit fortissimus protector patriæ, & consolator Ecclesiarum, atque cænobiorum sanctorum maxima cum pietate regalis munificentiæ: atque vt sit fortissimus regum triumphator hostium ad opprimendas rebelles, & paganas nationes. Sitque *suis inimicis satis terribilis præ maxima fortitudine regalis potentiæ, optimatibus quoque atque præcelsis proceribus ac fidelibus sui regni sit munificus, & amabilis, & pius: vt ab omnibus timeatur, atque diligatur Reges quoque de lumbis ejus per successiones temporum futurorum egrediantur. Regnum hoc regere totum, & post gloriosa tempora, atque fœlicia præsentis vitæ gaudia sempiterna, in perpetua beatitudine habere mereatur. Quod ipse præstare digneris, qui cum vnigenito Filio tuo Domino nostro Iesu Christo, & Spiritu sancto vinis & regnas Deus. Per omnia secula seculorum. Amen.*

Oremus.

Benedic † Domine, quæsumus, hunc Principem nostrum, quem ad salutẽ populi nobis à te credimus esse concessum. Fac eum esse annis multiplicem vigenti atque salubri corporis robore vigentem, & ad senectutem optatam, atque demum ad finem peruenire fælicem. Sic nobis fiducia eum obtinere gratiam pro populo, quam Aaron in tabernaculo, Helyseus in fluuio, Ezechias in lectulo, Zacharias vetulus impetrauit in templo. Sit illi regendi virtus atque authoritas, qualem Iosue suscepit in castris, Gedeon sumpsit in prælijs, Petrus accepit in claue, Paulus est vsus in dogmate. Et ita Pastorum curâ tuum proficiat in ouile sicut Isaac profecit in fruge & Iacob dilatatus est in grege. Quod ipse præstare digneris, qui cum vnigenito Filio tuo Domino nostro Iesu Christo, & Spiritu Sancto viuis & regnas Deus. Per omnia sæcula seculorum. Amen.

Oremus.

DEus Pater æternæ gloriæ sit adjutor tuus & protector, & omnipotens benedicat tibi, preces tuas in cunctis exaudiat, & vitam tuam longitudine dierum adimpleat. Thronum regni tui jugiter firmet, & gentem populumque tuum in æternum conseruet, & inimicos tuos confusione induat, & super te sanctificatio Christi floreat: vt qui tibi tribuit in terris imperium, ipse in cælis conferat præmium. Qui viuit & regnat trinus & vnus Deus, Per omnia sæcula &c.

PREPARATION DV SAINT
CRESME.

LEs trois Oraisons cy - dessus a-
cheuées, l'Euéque de Soissons
retourna à l'Autel , pour preparer la
Sainte Onction en la maniere suiuante. Premierement il mit la platine d'or
du Calice de Saint Remy sur le milieu
de l'Autel , & le grand Prieur de Saint
Remy ayant receu du Tresorier qui
l'assiston la Clef d'argent du Chaton,
ou petite chasse d'argét doré , enrichy
de pierreries , dans lequel la Sainte
Ampoule est conseruée , il en fit l'ouuerture , & en tira ce sacré Present du
Ciel , qu'il mit és mains de l'Euéque
d'Amiens , officiant Diacre , qui le
donna à l'Euéque de Soissons , lequel
auec vne éguille d'or , que luy presenta ledit grand Prieur , prit du Baûme
celeste , enuiron la grosseur d'vn grain
de froment , qu'il mit sur ladite Platine , puis ayant rendu la Sainte Ampoule audit grand Prieur , pour la
remettre dans la Chasse , comme elle

étoit auparauant , il prit du Saint
Crême auec vne éguille d'argent ,
qu'il mêla auec ses doigts sur ladite
Platine : pendant toutes ces choses,
le Chœur chantoit les Répon & Verset suiuants, commencés par le Chantre.

℟. *Gentem Francorum inclytam simul
cum Rege nobili beatus Remigius sumpto
cælitus chrismate , sacro sanctificauit
gurgite , atque Spiritus sancti plenè
ditauit munere.*

℣. *Qui dono singularis gratiæ in columba apparuit, & diuinum chrisma cælitus Pontifici ministrauit.*

Les Répon & Verset finis, l'Euéque de Soissons tourné vers l'Autel,
sans Mitre, dit les Verset & Oraison
de Saint Remy.

℣. *Ora pro nobis beate Remigi.*

℟. *Vt digni efficiamur pro , &c.*

Oremus.

DEus , qui populo tuo æternæ salutis
beatum Remigium ministrum tribuisti , præsta quæsumus , vt quem docto-
rem vitæ habuimus in terris , intercessorē

semper habere mereamur in cælis. Per Christum Dominum nostrum. Amen.

Aprés ladite Oraison, le Roy se prosterna deuant l'Autel sur vn grand Carreau preparé à cét effet, auec l'Euéque de Soissons à sa droite, pendant que les quatre Euéques cy-deuant nommés chanterent la Litanie suiuante, & le Chœur répondoit comme il suit.

K *Yrie eleison.*

Le Chœur.

Kyrie eleison.

Les Euéques.

Christe eleison.

Le Chœur.

Christe eleison.

Les Euéques.

Kyrie eleison.

Le Chœur.

Kyrie eleison.

Les Euéques.

Christe audi nos.

Le Chœur.

Christe audi nos.

Les Euéques.

LE SACRE

Sancta Maria.

Le Chœur.

Ora pro nobis.

Sancte Michael,	*ora.*
Sancte Gabriel,	*ora.*
Sancte Raphael.	*ora.*
Sancte chorus Angelorum,	*ora.*
Sancte Ioannes Baptista,	*ora.*
Sancte Petre,	*ora.*
Sancte Paule,	*ora.*
Sancte Andrea,	*ora.*
Sancte Iacobe,	*ora.*
Sancte Joannes,	*ora.*
Sancte Thoma,	*ora.*
Sancte Philippe,	*ora.*
Sancte Iacobe,	*ora.*
Sancte Bartholomæe,	*ora.*
Sancte Mathæe,	*ora.*
Sancte Symon,	*ora.*
Sancte Thadæe,	*ora.*
Sancte Mathia,	*ora.*
Sancte Barnaba,	*ora.*
Sancte chorus Apostolorum,	*ora.*
Sancte Stephane,	*ora.*
Sancte Clemens,	*ora.*
Sancte Calixte,	*ora.*

Sancte Marcelle,   ora.
Sancte Nicasi cum socijs tuis,   ora.
Sancte Laurenti,   ora.
Sancte Dionysi cum socis tuis,   ora.
Sancte Maurici cum socijs tuis,   ora.
Sancte Geruasi,   ora.
Sancte Prothasi,   ora.
Sancte Thimothee,   ora.
Sancte Appollinaris,   ora.
Sancte chorus Martyrum,   ora.
Sancte Siluester,   ora.
Sancte REMIGI,   ora.

Deux fois d'vne voix plus haute.

Sancte Augustine.   ora.
Sancte Hieronyme,   ora.
Sancte Ambrosi,   ora.
Sancte Gregori,   ora.
Sancte Sixte,   ora.
Sancte Sinici,   ora.
Sancte Rigoberte,   ora.
Sancte Martine,   ora.
Sancte Maurili,   ora.
Sancte Nicolae,   ora.
Sancte chorus Confessorum,   ora.
Sancta Maria Magdalena,   ora.
Sancta Maria Ægyptiaca,   ora.

Sancta Fœlicitas,   ora.
Sancta Perpetua,   ora.
Sancta Agatha,   ora.
Sancta Agnes,   ora.
Sancta Cæcilia,   ora.
Sancta Eutropia,   ora.
Sancta Genouefa,   ora.
Sancta Columba,   ora.
Sancta Scholastica,   ora.
Sancta Petronilla,   ora.
Sancta Catharina,   ora.
Sancte chorus Virginum,   ora.
Omnes Sancti,   orate pro nobis.
Propitius esto,   Parce nobis Domine.
Propitius esto,   Libera nos Domine.
Ab insidijs diaboli, Libera nos Domine.
A damnatione perpetua,   Libera.
Per mysterium sanctæ Incarnationis tuæ,
     Libera nos Domine.
Per passionem & crucem tuam, Libera.
Per gratiam sancti spiritus Paracleti, lib.
In die judicij,   Libera nos Domine.
Peccatores,   Te rogamus audi nos.
Vt pacem nobis dones,   Te rogamus.
Vt misericordia & pietas tua nos cu-
     stodiat,   Te rogamus audi nos.

Vt gratiã Spiritus sancti cordibus nostris clementer infundere digneris, Te rog.

Vt Ecclesiam tuam regere & defende-
re digneris,   Te rogamus.

Vt dõnum Apostolicum & omnes gradus
Ecclesiæ, in sancta Religione conser-
uare digneris,   Te rog.

Vt Archiepiscopum nostrum electum cum
omni grege sibi commisso, in tuo san-
cto seruitio confortare & conseruare
digneris,   Te rogamus audi nos.

Ledit Verset est repeté deux fois.

Vt obsequium seruitutis nostræ rationa-
bile facias,   Te rogamus.

Aprés ledit Verset, l'Euéque de Soiffons s'étant leué debout, la Mitre en
teste, & tenãt la Crosse de sa main gauche, dit les trois Versets suiuants, tourné vers le Roy prosterné au deuant de
luy, le Chœur les repetãt entierement.

Vt hunc præsentem famulum tuum Lv-
DOVICVM *in Regem coronandum be-*
nedicere digneris,   Te rog.

Vt hunc præsentem famulum tuum Lv-
DOVICVM *in Regem coronandum bene-*
dicere & sublimare digneris, Te rog.

Vt hunc præsentem famulum tuum LV-
DOVICVM *in Regem coronandum be-*
nedicere, sublimare, & consecra-
re digneris, Te rog.

Aprés lesdits Verstes, l'Officiant
se prosterna au côté du Roy comme
auparauant, iusqu'à la fin de la Litanie qui fut continuée par lesdits
Euéques.

Vt Regibus & Principibus Christianis
pacem & concordiam donare di-
gneris. Te rog.
Vt cunctum populum Christianum pre-
tioso sanguine tuo redemptum conser-
uare digneris, Te rog.
Vt cunctis fidelibus defunctis requiem
æternam donare digneris, Te rog.
Vt nos exaudire digneris, Te rog.
Fili Dei, Te rogamus.
Agnus Dei, qui tollis peccata mundi,
Parce nobis Domine.
Agnus Dei, qui tollis peccata mundi,
Exaudi nos Domine.
Agnus Dei, qui tollis peccata mundi,
Miserere nobis.
Christe audi nos.
Kyrie

DE LOVYS XIV.

Kyrie eleison.

Christe eleison.

Kyrie eleison.

La Litanie finie, le Roy & les quatre Euéques qui l'auoient chantée, demeurerent prosternez pendant que celuy de Soissons debout sans Mitre tourné vers le Roy, dit les prieres suiuantes. *Pater noster. Et ne nos, &c.*

℣. *Saluum fac seruum tuum.*

℟. *Deus meus sperantem in te.*

℣. *Esto ei Domine, turris fortitudinis.*

℟. *A facie inimici.*

℣. *Nihil proficiat inimicus in eo.*

℟. *Et filius iniquitatis non apponat nocere ei.*

℣. *Domine exaudi orationem meam.*

℟. *Et clamor meus ad te veniat.*

℣. *Dominus vobiscum.*

℟. *Et cum Spiritu tuo.*

Oremus.

PRætende quæsumus Domine, huic famulo tuo LVDOVICO dexteram cælestis auxilij: vt te toto corde perquirat, & quæ dignè postulat, assequi mereatur. Per Dominum nostrum Iesum

E

Chriſtum Filium tuum ; Qui viuit, &c.
Oremus.

ACtiones noſtras quæſumus Domine, aſpirando præueni, & adjuuando proſequere : vt cuncta noſtra operatio & oratio à te ſemper incipiat, & per te cæpta finiatur. Per Dominum noſtrum Ieſum Chriſtum Filium tuum ; Qui tecum viuit, & regnat, &c.

Leſdites prieres & Oraiſons acheuées, l'Euéque de Soiſſons aſſis ſur ſa chaire, le dos tourné vers l'Autel, auec ſa Mitre, dit les Oraiſons ſuiuantes ſur le Roy qui étoit à genoux deuant luy.

Te inuocamus ſancte Pater omnipotens, æterne Deus, vt hunc famulum tuum LVDOVICVM *quem tuæ diuinæ diſpenſationis prouidentia in primordio plaſmatum, vſque in hunc præſentem diem iuuenili flore lætantem creſcere conceſſiſti, eum tuæ pietatis dono ditatum, plenámque gratia veritatis, de die in diem coram Deo, & hominibus ad meliora ſemper proficere facias, vt ſummi regiminis ſolium gratia ſu-*

perna largitate gaudens suscipiat, &
misericordiæ tuæ muro ab hostium ad-
uersitate undique munitus plebem sibi
commissam cum pace propiciationis, &
virtute victoriæ fœliciter regere merea-
tur. Per Christum Dominū nostrū. Amen.

Oremus.

Deus, qui populis tuis virtute
consulis, & amore dominaris,
da huic famulo tuo LVDOVICO spiri-
tum sapientiæ tuæ cum regimine disci-
plinæ : vt tibi toto corde deuotus, in
regni regimine semper maneat idoneus,
tuóque munere ipsius temporibus Eccle-
siæ securitas dirigatur & in tranquilli-
tate, deuotio Ecclesiastica permaneat: vt
in bonis operibus perseuerans ad æternum
regnum te duce, valeat peruenire. Per
Christum Dominum nostrum.

Oremus.

In diebus ejus oriatur omnis æquitas
& justitia, amicis adjutorium, ini-
micis obstaculum, humilibus solatium,
elatis correctio, diuitibus doctrina, pau-
peribus pietas, peregrinis pacificatio,
proprijs in patria pax & securitas,

E 2

...cumque secundùm suam mensuram moderari [gubernationis] studio sedulus regere studeat: ut tua irrigatione comprehensione toti populo tibi placitae praebere vita possit exemplum, & per viam veritatis congrue gradiens sibi subditos opes frugales abundanter acquirat, simúlque ad salutem non solùm corporum, sed etiam cordium à te concessam cuncta accipiat. Sicque in te congregatum animi consiliúmque omne componens, plebis gubernacula cum pace simul & sapientia semper invenire videatur: teque auxiliante praesentis vita prosperitatem & prolixitatem percipiat: & per tempora bona usque ad summam senectutem perveniat, hujúsque fragilitatis finem perfectum ab omnibus vitiorum vinculis tua largitate pietatis liberatus, & infinita prosperitatis praemia perpetua Angelorúmque aeterna contubernia consequatur. Per Dominum nostrum, &c.

CONSECRATION DV ROY.

L'Officiant demeurant toûjours assis avec la Mitre, & éleuant vn peu la voix poursuit,

DE LOVYS XIV.

Oremus.

Omnipotens sempiterne Deus, gubernator cæli, terræ conditor, dispositor Angelorum & hominum, Rex regum, & Dominus dominorum, qui Abraham fidelem famulum tuum de hostibus triumphare fecisti, Moysi & Iosue populo tuo prælatis multiplicem victoriā tribuisti, humilem quoque puerum David regni fastigio sublimasti, eúmque de ore leonis, & de manu bestiæ atque Goliæ, sed & de gladio maligno Saül, & omnium inimicorum ejus liberasti, & Salomonem sapientiæ pacificæ ineffabili munere ditasti, respice propitius ad preces nostræ humilitatis, & super hunc famulum tuum LVDOVICVM, quem supplici devotione in hujus regni regem pariter eligimus, benedictionum tuarum dona multiplica, eúmque dexteræ tuæ potentia semper & ubique circunda, quatenus prædicti Abrahæ fidelitate firmatus, Moysi mansuetudine fretus, Iosue fortitudine munitus, David humilitate exaltatus, Salomonis sapientia decoratus, tibi in omnibus complaceat, & per tra-

E 3

mitem justitiæ inoffenso gressu semper in-
cedat, & totius regni Ecclesiam deinceps
cum plebibus sibi annexis ita enutriat,
doceat, muniat, & instruat. Contráque
omnes visibiles & inuisibiles hostes idem
potéter regalitérque tuæ virtutis regimen
ad ministret : vt regale Solium videlicet
Saxonum, Merciorum, Nordan, Cim-
brorum sceptra non deserat : sed pristinæ
fidei pacísque concordiam eorum animos,
te opitulante, reformet ; vt vtrorúmque
horum populorum debita subjectione ful-
tu , condegno amore glorificatus , per
longum vitæ spatium paternæ apicem
gloriæ, tua miseratione vnatim stabilire
& gubernare mereatur. Tuæ quoque
protectionis galea munitus , & scuto
insuperabili jugiter protectus , armísque
cælestibus circundatus , optabilis victo-
riæ triumphum de hostibus fœliciter ca-
piat , terrorémque suæ potentiæ infide-
libus inferat, & pacem tibi militantibus
lætanter reportet virtutibus : nec - non
quibus præfatos fideles tuos decorasti ,
multiplici honoris benedi✝ctione conde-
cora , & in regimine regni sublimiter

colloca, & oleo gratiæ Spiritus sancti perunge. Per Dominum nostrum, qui virtute crucis tartara destruxit, regnóque diaboli superato, ad cælos victor ascendit: in quo potestas omnis regnúmque consistit & victoria, qui est gloria humilium, & vita salúsque populorum. Qui tecum viuit & regnat Deus, &c.

Aprés cette Oraison, le Roy demeurant toûjours à genoux, l'Euéque de Soissons assis auec sa Mitre, commença la consecration en la maniere suiuante, ayant pris auec le poulce de la sacrée Onction preparée sur la Platine d'or du Calice de S. Remy.

Premierement il fit le signe de la Croix sur le somet de la teste du Roy disant

Vngo te in Regem, de oleo sanctificato, In nomine Patris, & Filij, & Spiritus sancti.

Repetant les mêmes paroles aux six Onctions suiuantes, & tous les Assistans répondant à la fin de chacune *Amen.*

Secondement sur l'Estomach, les

Euéques d'Amiens & de Senlis tenants la Chemiſe & la Camiſole ouuertes, comme ils firent aux autres
endroits.

Troiſiémement entre les deux Eſ-
paules.

Quatriémement ſur l'Eſpaule
droite.

Cinquiémement ſur l'Eſpaule
gauche.

Sixiémement au ply & jointure du
Bras droit.

Septiémement en celle du Bras
gauche.

Pendant leſdites Onctions, les Muſiciens de l'Egliſe chantoient l'Antienne ſuiuante, commencée par le
Chantre.

Antiph. *Vnxerunt Salomonem Sa-
doch ſacerdos, & Nathan Propheta
Regem in Gyon, & accedentes læti di-
xerunt, viuat Rex in æternum.*

Leſdites Onctions faites, & l'Antienne chantée, l'Euéque de Soiſſons
demeurant aſſis auec ſa Mitre, & le
Roy à genoux deuant luy, dit,

Oremus.

CHriste, perunge hunc Regem in regimen, vnde vnxisti sacerdotes, reges, & Prophetas, & Martyres, qui per fidem vicerunt regna, operati sunt justitiam, adepti sunt repromissiones. Tua sacratissima vnctio super caput ejus defluat, atque ad interiora descendat, & cordis illius intima penetret, & promissionibus, quas adepti sunt victoriosissimi Reges, gratia tua dignus efficiatur. Qualenus & in præsenti sæculo fœliciter regnet, & ad eorum consortium in cœlesti regno perueniat. Per Dominum nostrum Iesum Christum Filiũ tuum, qui vnctus est oleo lætitiæ præ consortibus suis, & virtute crucis potestates aërias debellauit, tartara destruxit, regnúmque diaboli superauit, & ad cœlos victor ascendit. In cujus manu victoria omnis, gloria & potestas consistũt: & tecum viuit & regnat in vnitate Spiritus sancti Deus. Per omnia secula seculorum. Amen.

Oremus.

DEus electorum fortitudo, & humilium celsitudo, qui in primordio *per effusionem diluuij , mundi crimina castigare voluisti , & per columbam ramum oliuæ portantem pacem terris redditam demonstrasti : iterúmque sacerdotem Aaron famulum tuum per vnctionem olei sacerdotem sanxisti : & præterea per hujus vnguenti infusionem ad regendum populum Ifraëliticum , sacerdotes , Reges , ac Prophetas perfecisti, vultúmque Ecclefiæ in oleo exhilarandum per propheticam famuli tui vocem Dauid esse prædixisti , ita , quæfumus omnipotens Deus Pater , vt per hujus creaturæ pinguedinem, hunc feruum tuum fanctificare tua benedictiotne digneris , eúmque in fimilitudine columbæ pacem fimplicitatis populo fibi commiffo præstare , & exempla Aaron in Dei feruitio diligenter imitari , Regiúque faftigia in confilijs fcientiæ , & æquitate judicij femper affecui , vultúmque bilaritatis per hanc olei vnctionem , tuámque benedictionem , te adjuuante , toti plebi paratum habere facias. Per Dominũ nostrum Iesum Christum Filium tuum: Qui tecum viuit & regnat . &c.*

Oremus.

DEus Dei Filius Dominus noster Iesus Christus, qui à patre oleo exultationis vnctus est præ participibus suis, ipse per præsentem sacri vnguinis infusionem, Spiritus Paracleti super caput tuum infundat benedictionem, eandémque vsque ad interiora cordis tui penetrare faciat: quatenus hoc visibili & tractabili dono, inuisibilia percipere, & temporali regno justis moderaminibus executo æternaliter cum eo regnare merearis. Qui solus sine peccato Rex Regum viuit & gloriatur cum Deo Patre in vnitate ejusdem Spiritus sancti Deus, Per omnia secula seculorum.

Aprés ces trois Oraisons, l'Euéque de Soissons aydé de ceux d'Amiens & de Senlis forma les ouuertures de la Chemise & de la Camisolle du Roy, auec des petits cordons d'or : & ensuitte le Roy s'étant leué debout, le grand Chambellan de France luy donna les trois habits suiuants, l'vn pardessus l'autre, la Tunique, la Dalmatique & le manteau Royal, le tout

de Velours violet, en broderie de
fleurs de Lys d'or, & rapportant aux
habits de sous-diacre, de Diacre, &
à la Chasuble du Prêtre. Le Roy ainsi
reuêtu, se mit à genoux deuant l'E-
uêque de Soissons assis auec sa Mitre,
qui reprenant la Platine, fit la huitiéme Onction sur la Paulme de la
main droite, & la neufiéme sur celle
de la main gauche disant,

Vngantur manus istæ de oleo san-
ctificato, vnde vncti fuerunt Reges
& Prophetæ, & sicut vnxit Samuel
Dauid in Regem: vt sis benedictus &
constitutus Rex in regno isto, quod Do-
minus Deus tuus dedit tibi ad regendum
& gubernandum, quod ipse præstare
dignetur, Qui viuit & regnat Deus,
Per omnia secula seculorum. Amen.

Ces deux dernieres Onctions faites,
le Roy demeurant à genoux, & tenant les mains jointes deuant la poi-
trine, l'Officiant debout sans Mitre,
dit cette Oraison.

DE LOVYS XIV.

Oremus.

Eus qui es justorum gloria, &
misericordia peccatorum, qui mi-
sisti Filium tuum pretiosissimo sanguine
suo genus humanum redimere, qui con-
teris bella, & pugnatores in te speran-
tium, & sub cujus arbitrio omnium
regnorum continetur, potestas, te humiliter deprecamur: vt præsentem famulum
tuum LVDOVICVM in tua misericordia
confidentem, in præsenti sede regali bene-
di✝cas, eique propitius adesse digneris:
vt qui tua expetit protectione defendi,
omnibus hostibus sit fortior Fac eum Domine, beatum esse, & victorem de inimicis suis. Corona eum coronâ justitiæ
& pietatis: vt ex toto corde & tota
mente in te credens, tibi deseruiat, sanctam tuam Ecclesiam defendat & su-
blimet, populúmque à te sibi commissum
justè regat, nullis insidiantibus ma-
lis eum in injustitiam conuertat. Ac-
cende Domine, cor ejus ad amorem gratiæ tuæ per hoc vnctionis oleum, vnde
vnxisti Sacerdotes, Reges, & Prophetas, quatenus justitiam diligens: per

tramitem similiter incedens justitiæ, post
peracta à te disposita in Regali excellen-
tia annorum curricula, pervenire ad
æterna gaudia mereatur. Per eundem
Dominum nostrum.

BENEDICTION DES GANDS.

L'Officiant debout sans Mitre, fit
la benediction des Gands, les
aspergeant d'eau benite aprés cette
Oraison.　　　　　　　　Oremus.

O Mnipotens creator, qui homini ad
imaginem tuam creato, manus
digitis discretionis insignitas tanquam
organum intelligentiæ ad rectè operan-
dum dedisti quas servari mundas præce-
pisti, vt in eis anima digna portaretur,
& tua in eis dignè contrectarentur my-
steria, benedi † cere & sancti † ficare
digneris hæc manuum tegumenta: vt
quicumque Rege ijs cum humilitate manus suas velare voluerint, tam cordis
quàm operis munditiam tua misericordia sub ministret. Per Christum Dominum nostrum.

Les Gands étant benis, l'Officiant
assis auec sa Mitre les mit aux mains
du Roy disant,

Circunda Domine, manus hujus famuli tui LVDOVICI *munditia noui hominis, qui de cælo descendit : vt quemadmodum Iacob dilectus tuus pelliculis hædorum opertis manibus paternam benedictionem oblato patri cibo potúque gratissimo impetrauit, sic & istæ gratiæ tuæ benedi† ctionem impetrare mereatur. Per eundem Dominum nostrum Iesum Christum, qui in similitudinem carnis peccati tibi obtulit semetipsum. Amen.*

BENEDICTION DE
L'ANNEAV.

L'Euéque de Soissons aprés auoir
donné les Gands au Roy se tenant debout sans Mitre, benit l'Anneau que luy presenta le premier Valet de la Chambre du Roy, & dit,

Oremus.

DEus, totius craturæ principium & finis creator & consecrator humani generis, dator gratiæ spiritualis, largitor æternæ salutis, in quo clausa sunt omnia: tu Domine, tuam emitte benedictionem super hunc annulum: ipsumque benedicere & sanctificare digneris: ut qui per eum famulo tuo honoris insignia concedis, virtutum præmia largiaris, quo discretionis habitum semper retineat, & veræ fidei fulgore præfulgeat, sanctæ quoque Trinitatis armatus munimine, miles inexpugnabilis acies Diaboli constanter enitcat, & sibi ad veram salutem mentis & corporis proficiat. Per Christum Dominum nostrum. Amen.

La benediction de l'Anneau ainsi faite, ce Prelat assis auec sa Mitre, le mit au quatriéme doigt de la main droite du Roy auec ces parolles,

Accipe annulum, signaculum videlicet fidei sanctæ, soliditatem regni, augmentum potentiæ: per quem scias triumphali potentia hostes repellere, hæreses destruere, subditos coadunare, & Catholicæ fidei perseuerabilitati connecti.

Puis ayant quitté la Mitre, dit l'Oraison suiuante.

Oremus.

Oremus.

Deus, cujus est, omnis potestas & dignitas, da famulo tuo prosperum suæ dignitatis effectum, in qua te remunerante permaneat, sempérque te timeat, tibíque jugiter placere contendat. Per Iesum Christum Dominum nostrum.

TRADITION DV SCEPTRE
ET MAIN DE IVSTICE.

L'Euéque de Soissons ayant repris sa Mitre, donna le Sceptre à la main droite du Roy, disant,

Accipe Sceptrum, Regiæ potestatis insigne, virgam scilicet regni rectam, virgam virtutis, qua te ipsum bene regas, sanctam Ecclesiam, populúmque videlicet Christianum tibi à Deo commissum, Regia virtute ab improbis defendas, prauos corrigas, rectos pacifices, & vt viam rectam tenere possint, tuo juuamine dirigas, quatenus de temporali regno ad æternum regnum peruenias, ipso adjuuante, cujus regnum & imperium sine fine permanet in secula seculorũ. Amen.

F

Puis ayant quitté la Mitre, adjoûta cette Oraison.

Oremus.

OMnipotens Domine fons bonorum cunctorum Deus, instructor profectuum, tribue quæsumus, famulo tuo LVDOVICO acceptam bene regere dignitatem, & à te sibi præstitum honorem dignare roborare. Honorifica eum præ cunctis Regibus terræ, vberi eum benedictione locupleta, & in solio regni firma stabilitate consolida: vestita eum in sobole, præsta ei prolixitatem vitæ, in diebus ejus semper oriatur justitia, & cum jucunditate & lætitia æterno glorietur in regno. Per Dominum.

L'Oraison finie, l'Officiant ayant repris sa Mitre, donna aussi-tôt la main de Iustice à la gauche du Roy, disant,

Accipe Virgam virtutis atque æquitatis, qua intelligas mulcere pios, & terrere reprobos, errantibus viam doce, lapsis manum porrige, disperdas superbos, & releues humiles: vt aperiat tibi ostium Christus Iesus Dominus noster,

*qui de seipso ait : Ego sum ostium, per me
si quis introierit saluabitur, & ipse qui
est clauis Dauid, & Sceptrum domus
Israël, qui aperit & nemo claudit,
claudit & nemo aperit: sit tibi adjutor,
qui eduxit vinctum de domo carceris,
sedentem in tenebris, & vmbra mortis:
vt in omnibus sequi merearis eum, de quo
Propheta Dauid cecinit ; Sedes tua Deus
in seculum seculi, virga æquitatis, virga
regni tui ; Et imiteris eum, qui dicit, Diligas justitiam, & odio habeas iniqui-
tatem, propterea vnxit te Deus, Deus
tuus, oleo lætitiæ, ad exemplum illius
quem, ante secula vnxerat præ participibus suis, Iesum Christum Dominum &c.*

CONVOCATION
DES PAIRS.

LES choses cy-dessus faites, le
Chancelier de France monta à
l'Autel & s'étant mis contre iceluy,
du côté de l'Euangile, le visage tourné vers le Chœur, appella les Pairs
selon leur rang, les Laiz les premiers
en la maniere suiuante, (en l'absence

du Chancelier, l'Archeuéque officiant les appelle)

Monſieur le Duc d'Anjou qui repreſentés le Duc de Bourgogne, preſentés vous à cét Acte.

Monſieur le Duc de Vendôme qui
repreſentés le Duc de Normandie,
preſentés vous à cét Acte.

Monſieur le Duc d'Elbeuf qui repreſentés le Duc d'Aquitaine, preſentés vous à cét Acte.

Monſieur le Duc de Candale qui
repreſentés le Comte de Thoulouſe,
preſentés vous à cét Acte.

Monſieur le Duc de Roüanois qui
repreſentés le Comte de Flandres,
preſentés vous à cét Acte.

Monſieur le Duc de Bournonuille
qui repreſentés le Comte de Cham-
pagne, preſentés vous à cét Acte.

Monſieur l'Euéque & Comte de
Beauuais qui repreſentés l'Euéque &
Duc de Laon, preſentés vous à cét
Acte.

Monſieur l'Euéque & Comte de
Chaalonsqui repreſentés l'Euéque &

Duc de Langres , presentés vous à cét Acte.

Monsieur l'Euéque & Comte de Noyon qui representés l'Euéque & Comte de Beauuais , presentés vous à cét Acte.

Monsieur l'Archeuéque de Bourges qui representés l'Euéque & Comte de Chaalons , presentés vous à cét Acte.

Monsieur l'Archeuéque de Roüen qui representés l'Euéque & Comte de Noyon, presentés vous à cét Acte.

COVRONNEMENT DV ROY.

Ladite conuocation des Pairs faite , le Chancelier retourna à sa place , & l'Euéque de Soissons sans quitter la Mitre , ayant pris à deux mains sur l'Autel la grande Couronne de Charlemagne apportée de Saint Denis , la mit seul au dessus de la tête du Roy , & aussi-tôt tous les autres Pairs tant Ecclesiastiques que Laiz , y portans la main pour la soûtenir,

F 3

ce Prelat la tenant toûjours de la main gauche, dit ce qui suit,

Coronet te Deus corona gloriæ, atque justitiæ honore, & opere fortitudinis, ut per officium nostræ benedictio ✝ nis, cum fide recta, & multiplici bonorum operum fructu, ad coronam peruenias regni perpetui, ipso largiente, cujus regnum & imperium permanet in secula seculorum. Amen.

Aprés cette Oraison l'Euêque de Soissons seul mit la Couronne sur la tête du Roy, disant,

Accipe Coronam regni, in nomine Pa ✝ tris, & Fi ✝ lij, & Spiritus ✝ sancti: ut spreto antiquo hoste, spretísque contagijs vitiorum omnium sic justitiam, misericordiam, & judicium diligas, & ita justè, & misericorditer & piè viuas, ut ab ipso Domino nostro Iesu Christo in consortio Sanctorum æterni regni coronam percipias. Accipe, inquam, coronam, quam sanctitatis gloriam & honorem, & opus fortitudinis intelligas signare: & per hanc te participem ministerij nostri non ignores: ita ut sicut

*ros in interioribus pastores rectoresque
animarum intelligimur; ita tu contra
omnes aduersitates Ecclesiæ Christi de-
fensor assistas, regnique tibi à Deo dati
& per officium nostræ benedictionis in
voce exultationis, vice Apostolorum,
omniúmque Sanctorum, regimini tuo
commissi vtilis executor, perspicuúsque
regnator semper appareas: vt inter glo-
riosos athletas virtutum gemmis ornatus, & præmio sempiternæ fælicitatis
coronatus, cum Redemptore ac Saluatore
nostro Christo, cuius nomen vicémque
gestare crederis sine fine glorieris. Qui
viuit & imperat Deus cum Deo Patre,
in secula seculorum. Amen.*

Le Couronnement ainsi fait, l'Officiant debout Gené Mere, dit les
Oraisons & Benedictions suiuantes.

*D Eus perpetuitatis, dux virtutum,
cunctorum hostium victor, bene✝-
dic huic famulum tuū tibi caput suum in-
clinantem, & prolixa sanitate, & pro-
spera fælicitate eum conserua & vbi-
cunque pro quibus tuum auxilium in-*

doecuerit, citò adsis & protegas, ac
defendas: tribue ei, quæsumus Domine,
diuitias gloriæ tuæ, comple in bonis de-
siderium ejus, corona eum in miseratione
& misericordia, tibíque Deo pia deuo-
tione jugiter famuletur. Per Christum
Dominum nostrum.

Benediction.

EXtendat omnipotens Deus dexterã
suæ benedictiotnis, & circundet
te muro fœlicitatis, ac custodia suæ protectionis, sanctæ Mariæ, ac beati Petri
Apostolorum Principis, S. Dionysij,
atque B. Remigij, & omnium Sanctorum intercedentibus meritis. Amen.

Indulgeat tibi Dominus omnia peccata, quæ gessisti, & tribuat gratiam, &
misericordiam, quam ab eo humiliter
deposcis, & liberet te ab aduersitatibus
cunctis, & ab omnibus inimicorum vi-
sibilium & inuisibilium insidijs. Amen.

Angelos suos bonos, qui te semper &
vbique præcedant, comitentur, & sub-
sequantur, ad custodiam tui ponat: &
te à peccato, seu gladio, & ab omnium
periculorum discrimine, sua potentia

liberet. Amen.

Inimicos tuos ad pacis, charitatísque benignitatem conuertat, & bonis operibus te gratiosum & amabilem faciat, pertinaces quoque in tui infestatione & odio, confusione salutari induat : super te autem participatio & sanctifi ✝ catio sempiterna floreat. Amen.

Victoriosum te atque triũphatorem de inuisibilibus atque visibilibus hostibus semper efficiat, & sancti nominis sui timorem pariter & amorem continuum cordi tuo infundat, & in fide recta, ac bonis operibus perseuerabilem reddat, & pace in diebus tuis concessa, cum palma victoriæ te ad perpetuum regnum perducat. Amen.

Et qui te voluit super populum suum constituere Regem, & in præsenti seculo fælicem æternæ fælicitatis tribuat esse consortem. Amen.

Quod ipse præstare dignetur, cujus regnum & imperium sine fine permanet in secula seculorum. Amen.

LE SACRE
Autre benediction sur le
ROY.

B Ene✝dic Domine, Regem noſtrum, qui regna omnium Regum à ſeculo moderaris. Amen.

Et tali eum benedi✝ctione glorifica, vt Dauidica teneat ſublimitate ſceptrum ſalutis, & ſanctificæ propitiationis munere reperiatur locupletatus. Amen.

Da ei à tuo ſpiramine cum manſuetudine ita regere populum, ſicut Salomonẽ feciſti regnum obtinere pacificum. Amen.

Tibi cum timore ſit ſubditus, tibíque militet cum quiete: ſit tuo clypeo protectus, cum proceribus, & vbique gratia tua victor exiſtat. Amen.

Honorifica eum præ cunctis regibus gentium, fœlix populis dominetur, & fœliciter eum nationes adornent: viuat inter gentium nationes magnanimus. Amen.

Sit in judicijs æquitatis ſingularis, locupletet eum tua prædiues dextera, frugiferam obtineat patriam, & ejus liberis tribuas profutura. Amen.

Præſta ei prolixitatem vitæ per tem-

*pora : vt in diebus ejus oriatur juſtitia,
à te robuſtum teneat regiminis ſolium,
& cum jucunditate & lætitia æterno
glorietur regno. Amen.*

*Quod ipſe præſtare dignetur , cujus
regnum & imperium ſine fine permanet
in ſecula ſeculorum. Amen.*

Oremus.

*O Mnipotens Deus , det tibi de rore
cœli & de pinguedine terræ abundantiam frumenti , vini & olei : ſer-
uiant tibi populi , & adorent te tribus.
Eſto Dominus fratrum tuorum , & in-
curuentur ante te filij matris tuæ : &
qui benedixerit tibi , benedictionibus repleatur , & Deus erit adjutor tuus :
omnipotens benedi✝cat tibi benedictionibus cœli deſuper , in montibus &
collibus , benedictionibus abyſſi jacenti-
bus deorſum , benedictionibus vberum ,
vuarum pomorúmque. Benedictiones
Patrum antiquorum Abraham , Iſaac ,
& Iacob confortatæ ſint ſuper te. Per
Chriſtum Dominum noſtrum.*

*B Enedic Domine fortitudinem Prin-
cipis , & opera manuum illius*

suscipe, & benedictione tua terra ejus de pomis repleatur, de fructu cœlesti & rore atque abyssi subjacentis de fructu solis & lunæ, & de vertice antiquorū montium, de pomis æternorum collium, & de frugibus terræ & plenitudine ejus : benedictio illius qui apparuit in rubo veniat super caput ejus & plena sit benedictio domini in filijs ejus, & tingat in oleo pedem suum : cornua Rinocerontis, cornua illius, in ipsis ventilabit gentes vsque ad terminos terræ : quia ascensor cœli auxiliator suus in sempiternum fiat. Per Dominum nostrum Iesum Christum filium tuum. Qui tecum viuit & regnat in vnitate Spiritus sancti Deus, &c. Amen.

INTHRONIZATION DV ROY.

Toutes les Oraisons & benedictions finies, l'Euéque de Soissons prit le Roy par le bras droit pour le conduire au Thrône dressé au Iubé en cét ordre,

Premierement marchoient les six

Herautx, en aprés les Pairs ; les Ecclesiastiques, precedés du Maître des
Ceremonies, monterent par lescalier
du côté de l'epitre, & les Laiz conduits par le grand Maître des Ceremonies, par l'autre escalier du côté
de l'Euangile. Le Connestable portoit l'Espée nuë au poing deuant le
Roy, ayant les Huissiers Massiers
à ses côtez, vétus de Tuniques ou
Vestes de Satin blanc, auec leurs
Masses d'argent doré ; Le Roy tenant
le Sceptre & la main de Iustice
marchoit aprés le Connestable conduit par l'Euéque de Soissons quile
tenoit par le bras droit, precedé de
sa Crosse, & assisté de deux Chanoines en Chappe ; le Comte de
Noailles & le Marquis de Charault
Capitaines des Gardes, precedés de
six gardes Escossoises, étoient aux
côtez du Roy, le Prince Eugene de
Sauoye portoit la queuë du manteau
Royal : le Chancelier marchoit seul
derriere le Roy, & aprés luy le grand
Maitre, ayant le grand Chambellan

à sa droite, & le premier Gentil-
homme de la Chambre à sa gauche.
Le Roy étant arriué à son Thrône
par lescalier du côté de l'Euangile,
il parut dans ce superbe appareil auec
vn port & vne majesté si particuliere,
qu'il rauissoit tous les cœurs des
Spectateurs. Les Pairs & autres s'é-
tans mis aux places dont nous auons
parlé, l'Euéque de Soissons tenant
le Roy debout sur le Thrône, le visage tourné vers l'Autel, luy dit,

*Sta, & retine amodò statum, quem
huc vsque paterna successione tenuisti,
hæreditario jure tibi delegatum per au-
thoritatem Dei omnipotentis, & per
præsentem traditionem nostram, omnium
scilicet Episcoporum, cæterorúmque Dei
seruorum. Et quantò Clerum propinquio-
rem sacris altaribus prospicis, tantò ei
potiorem in locis congruentibus honorem
impendere memineris: quatenus media-
tor Dei & hominum te mediatorem cleri
& plebis constituat*

Puis il fit seoir le Roy, & le tenant
par la main poursuiuit,

In hoc Regni folio confirmet te, & in regno æterno fecum regnare faciat Iefus Chriftus Dominus nofter, Rex regum, & Dominus dominantium. Qui cum Deo Patre, & Spiritu fanĉto viuit & regnat, Per omnia fecula feculorum. Amen.

℣. Firmetur manus tua, & exaltetur dextera tua.

℞. Iuftitia & judicium præparatio fedis tuæ.

℣. Domine exaudi orationem meam.

℞. Et clamor meus ad te veniat.

℣. Dominus vobifcum.

℞. Et cum Spiritu tuo.

Oremus.

DEus, qui viĉtrices Moyfi manus in oratione firmafti, qui quamuis ætate laffeffet, infatigabili fanĉtitate pugnabat: vt dum Amalech iniquus vincitur, dum prophanus nationum populus fubjugatur, exterminatis alienigenis hæreditati tuæ poffeffio copiofa feruiret: opus manuum noftrarum pia noftræ orationis exauditione confirma. Habemus & nos apud te, fanĉte Pater, Dominum faluatorem, qui pro nobis manus fuas

tetendit in cruce, per quem etiam preca-
mur altiſſime, vt ejus potentia ſuffra-
gante, vniuerſorum hoſtium frangatur
impietas, populuſque tuus ceſſante for-
midine, te ſolum timere condiſcat. Per
eundem Dominum.

Les prieres acheuées, l'Euéque
de Soiſſons ayant quitté ſa Mitre, &
fait vne profonde reuerence au Roy
aſſis dans ſon Thrône le baiſa,
diſant tout haut,

Viuat Rex in æternum.

Tous les Pairs, les Eccleſiaſtiques
les premiers, firent le même, puis s'aſ-
firent en leurs places. Auſſi-toſt que
l'Officiant eut dit, *Viuat Rex*, les
Portes de l'Egliſe furent ouuertes
pour donner entrée au peuple, & les
Trompettes, Fifres, Tambours,
Haut-bois, & autres inſtrumens qui
étoient dans le Chœur au pied des
eſcaliers, mêlans leurs agreables
accords auec la voix du peuple qui
crioit VIVE LE ROY, firent entendre l'excés de joye que tout le
monde

monde reſſentoit de voir ſon ſacré Monarque dans ce Thrône de gloire: & afin que cette joye ne fut pas renfermée dans la ſeule Egliſe, le Regiment des gardes rangé en bataille dans le Paruis, par vn ſalue de mouſquetades redoublée par trois fois, en porta la nouuelle par toute la Ville, & le peuple, comme vn agreable Echo, repetoit auec toute l'affection poſſible VIVE LE ROY. Pendant cette acclamatiõ publique, le Chancelier, le grand Chambellan, & les Herauts, firent largeſſe tant dans le Chœur, que dans la Nef de l'Egliſe, de pluſieurs picces d'or & d'argent, fabriquées exprés pour le jour du Sacre (lequel ayant été arreſté pour le trente-vniéme May, fut differé juſqu'au ſeptiéme Iuin) marquées de de l'effigie du Roy couronné, d'vne part, auec cette inſcription *Ludouicus XIV. Franc. & Nauar. Rex Chriſtianiſſimus* : & de la ville de Reims de l'autre, auec vne Colombe au-deſſus tenante la Sainte Ampoule,

G

& autour *Sacratus ac salutatus Remis 31. Maij 1654.* Et les Oyselleurs du Roy lascherent du Iubé dans l'Eglise vne infinité de petits oyseaux.

Apiés que tous les Pairs eurent salüé le Roy, l'Euesque retourna à l'Autel, par l'autre escalier du côté de l'Epitre, ou étant arriué il commença le *Te Deum*, qui luy auoit été annoncé par le Chantre de l'Eglise de Reims, & qui fut continué par la Musique du Roy.

CELEBRATION DE LA MESSE.

LE *Te Deum* fit v, le Chantre & le sous-Chantre commencerent l'Introite de la Messe au milieu du Chœur, qui fut continué par les Musiciens de l'Eglise, & l'Euéque de Soissons assisté des Euéques d'Amiens & de Senlis, & de deux Chanoines en Chappe, commença la Messe au grand Autel. Pendant le *Kyrie* ledit Chantre luy fut annoncer le *Gloria in excelsis Deo*, & tout l'ordre de la Messe.

Le *Gloria in excelsis* fut chanté par la Musique du Roy, Pendant lequel, la Messe ordinaire du Roy fut commencée à l'Autel dressé au Iubé du côté de l'Epitre. Aprés le *Gloria in excelsis*, l'Officiant chanta l'Oraison de la Messe du jour, qui étoit de l'octaue du S. Sacrement, auec cette autre pour le Roy, *Quæsumus omnipotens Deus, vt famulus tuus &c.* faisant le même pour les Secretes, & la Postcommunion.

Lesdites Oraisons finies, l'Euéque de Senlis sans Mitre, chanta l'Epitre proche de l'Autel, assisté de deux Chanoines sous-Diacres : Aprés la Prose, celuy d'Amiens chanta l'Euangile proche de l'Autel, assisté de l'Euéque de Cesarée & de deux Diacres Chanoines. Pendant l'Euangile, le Roy se tint debout, & Monsieur le Duc d'Anjou representant le Duc de Bourgogne Doyen des Pairs Laiz, luy osta la Couronne qu'il mit sur le Carreau de son appuy d'Oratoire;

& aprés l'Euangile, la remit fur la
refte du Roy. L'Euéque de Soiffons
ayant baifé le texte de l'Euangile,
& commencé le *Credo* que continua
la Mufique du Roy , l'Euangile fut
porté au Roy en cét ordre.

Premierement marchoient les fix
Herauts, en-aprés le Maitre & l'aide;
puis le grand Maitre des ceremonies;
M. le Cardinal Grimaldi fuiuoit a-
prés , faifant la charge du grand Aumônier de France, veftu de faChappe
de rabis rouge la queuë traînante ,
puis vn Chanoine Diacre portant le
Liure des Euangiles couuert d'vne
tauaiolle de Satin blanc en broderie
d'or , l'Euéque d'Amiens marchoit
aprés ledit Diacre , fuiuy d'vn autre
Chanoine Diacre affiftant; & tout
cela fans oublier les reuerences ordinaires à l'Autel en partant , deuant
la Tribune de la Reyne , aux Ambaf-
fadeurs ; puis au pied de l'Efcalier
du Iubé vers l'Autel , & en fuitte vers
le Roy ; etans au milieu de lefcalier
ils en firent encore vne au Roy , &

le même encore étans arriués deuant le Thrône; & là l'Euéque d'A-
miens prit le liure du Chanoine
Diacre aprés l'auoir defcouuert, &
le mit és mains dudit Cardinal, qui
le prefenta à baifer au Roy, & en
fuitte le rendit audit Euéque, qui
l'ayant remis és mains du Chanoine
qui l'auoit apporté, & couuert de
ladite Tauaiolle, retournerent à l'Autel, en même ordre qu'ils en étoient
partis, par l'autre Efcalier du côté
de l'Epitre.

CEREMONIES DE
L'OFFRANDE.

PEndant que la Mufique du Roy
chantoit l'Offertoire, & que l'E-
uéque de Soiffons faifoit l'Oblation,
les Herauts allerent prendre les
Offrandes dans la Sacriftie derriere
le grand Autel, & furent les pre-
fenter fur des Tauaiolles de Damas
rouge à franges d'or, aux quatre
Seigneurs qui les deuoient porter
pour le Roy; Ces Seigneurs ayant

receu les offrandes , partirent auffi-
tôt des quatre premieres Chaires
hautes du côté droit , pour monter
au Thrône du Roy , precedés def-
dits Herauts , de l'Aide du Maitre
& du grand Maitre des Ceremonies,
en cét ordre : Le Duc de S. Simon
marchoit le premier aprés le grand
Maitre des Ceremonies , portant le
Vin dans vn grand Vase vermeil
doré ; puis le Comte d'Orual le
Pain d'argent , & en aprés le Marquis de Sourdis le Pain d'or , & le
Marquis de Souuré le dernier la
Bource de Velours rouge en broderie
d'or , auec treize Pieces d'or du poids
de cinq Pistoles & demy chacune ,
auec pareilles effigies , & inscriptions
que celles dont nous auons parlé cy-
deuant : Lesdits Seigneurs étant arriués proche du Thrône par l'Escalier
du côté de l'Euangile , firent les reuerences accoustumées ; & l'Euéque
de Soissons étant tourné pour l'offrande , ils en descendirent en pareil
ordre qu'ils y étoient montés , par

l'autre Efcalier du côté de l'Epitre :
Aprés lefdits Seigneurs marchoit le
Chancelier, puis le grand Maitre,
enfuitte le Conneftable tenant l'épée
nuë au poing, ayant à fes côtés les
deux Huiffiers de la Chambre auec
leurs maffes d'argent doré : Le Roy
les fuiuoit auec le Sceptre, & la main
de Iuftice, precedé des Pairs Ecclefiaftiques à la droite, & des Laiz à
la gauche, ayant à fes côtés de part
& d'autre le Comte de Noialles, &
le Marquis de Charault Capitaines
des gardes, auec les fix gardes de
la manche : Il ny eut que le grand
Chambellan, & le premier Gentil-
homme de la Chambre qui demeurerent auprés du Thrône, pour le
garder en l'abfence du Roy.

Le Roy étant arriué deuant le
grand Autel, les Herauts, & Huiffiers, le Chancelier, le grand Maitre,
le Conneftable, & les Pairs fe reti-
rerent de part & d'autre, pour faire
place aux Maréchaux du Pleffy-
Praflin, & d'Aumont qui deuoient

tenir l'vn le Sceptre, & l'autre la Main de Iustice, pendant que le Roy faisoit l'offrande.

L'Euéque de Soissons étant assis sur sa Chaire au milieu de l'Autel, & le Roy à genoux deuant luy sur vn Carreau, le Marquis de Souuré preséta la Bource au Roy, qui aprés auoir baisé la main dudit Euéque luy donna ladite Bource, Le Marquis de Sourdis presenta le Pain d'or, le Comte Dorual le Pain d'argent, & le Duc de Saint, Simon le Vase d'argent, le Roy baisoit à chaque fois la main de l'Euéque, en luy donnant les offrandes les vnes aprés les autres, & l'Euéque les ayant receuës les mettoit en méme temps dans vn bassin d'argent que le Fabricien de l'Eglise de Reims tenoit à son côté gauche, comme choses appartenantes à l'Eglise de Reims, pour étre conseruées dans le Thresor.

L'Offrande faite, & le Roy ayant repris le Sceptre, & la main de Iustice, il remonta à son Thrône par l'Escalier du côté de l'Euangile en pareil ordre qu'il en étoit descendu, & les quatre Seigneurs qui auoient porté les offrandes demeurerent aux quatre premieres Chaires hautes du côté droit, comme ils étoient auparauant.

La Messe fut continuée jusqu'au *Pax Domini* exclusiuement, & alors l'Euéque d'Amiens faisant l'office de Diacre, se tourna vers le Chœur, ayant sa Mitre en teste, & la Crosse de l'Officiant en sa main gauche, & annonça la benediction, chantant, *Humiliate vos ad benedictionem*, le Chœur ayant respondu *Amen.* en même temps l'Euéque de Soissons tourné vers le Chœur tenant sa Crosse de la main gauche dit les benedictiōs suiuantes, & les Assistans respondoiét *Amen.* à la fin de chacune.

BEnedicat tibi Dominus custodiénsque te, sicut te voluit super populum suum constituere Regem, ita & in præsenti seculo fœlicem, & æternæ fœlicitatis tribuat esse consortem. Amen.

Clerum ac populum, quem sua voluit opitulatione, & tua sanctione congregari, sua dispensatione, & tua administratione per diuturna tempora faciat fœliciter gubernari. Amen.

Quatenus divinis monitis parentes, aduersitatibus omnibus carentes, bonis omnibus exuberantes, tuo ministerio fideli amore obsequentes, & in præsenti seculo pacis tranquillitate fruantur, & tecum æternorum ciuium consortio potiri mereantur. Amen.

Quod ipse præstare dignetur, cujus regnum & imperium sine fine permanet in secula saculorum Amen.

Puis ayant quitté sa Mitre, donna la benediction, disant,

Benedictio Dei omnipotentis Pa✝tris, & Fi✝lij, & Spiritus ✝ sancti descendat super vos, & maneat semper. Amen.

La benediction donnée, & l'Officiant ayant chanté *Pax Domini*. M. le Cardinal Grimaldi porta la Paix au Roy, auec le méme ordre, & les mémes ceremonies qu'il auoit fait le

DE LOVYS XIV.

texte de l'Euangile, & auſſi-tôt tous les Pairs, les Eccleſiaſtiques les premiers, donnerent le baiſer de Paix au Roy.

Selon le ceremonial de l'Egliſe de Reims, immediatement deuant la Poſtcommunion l'Officiant faiſoit la benediction de la banniere Royale, ce qui n'ét plus en vſage.

COMMVNION DV ROY.

LA Meſſe finie, le Roy deſcendit de ſon Thrône pàr l'Eſcalier du côté de l'Epitre, dans le même ordre qu'il y étoit monté auant la Meſſe, & étant arriué à l'Autel aprés auoir fait vne profonde reuerence, & auoir donné le Sceptre, & la Main de Iuſtice, aux Maréchaux du Pleſſy-Praſlin, & d'Aumont, Monſieur, luy ôta la grande Couronne, & enſuitte il entra dans ſon Oratoire ou Pauillon fait par bandes de drap d'or & Velours violet ſemé de fleurs de lys d'or, dreſſé contre le gros pillier

au côté de l'Euangile, ou son Con-
fesseur l'attendoit en Surpelis, pour
le reconcilier, delà il se mit à genoux
sur vn Carreau deuant le grand Autel, & aprés auoir dit le *Confiteor*,
l'Euéque de Soissons luy donna l'ab-
solution, & le Comunia d'vne petite
Hostie qu'il auoit consacrée, & aussi
du precieux Sang de nostre Seigneur,
qu'il auoit reserué dans le même
Calice d'or de Saint Remy dont il
s'étoit serui à la Messe; Le Roy ayant
repris sa grande Couronne, demeura
quelque temps à genoux pendant
que l'Euéque de Soissons purifia le
Calice.

RETOVR DV ROY

AV PALAIS.

LE Roy s'étant leué, aprés l'Action
de grace, l'Euéque de Soissons
luy osta la grande Couronne de Charlemagne, & luy en donna vne autre
plus legere, enrichie d'vne infinité
de perles de diaments, & d'autres
pierreries d'vn prix inestimable, celle

de Charlemagne fut donnée au Maréchal de l'Hôpital, qui la deuoit porter deuant sa Majesté ; Les Maréchaux du Plessy Praslin, & d'Aumont rendirent le Sceptre, & la Main de Iustice au Roy, lequel, aprés auoir fait vne profonde reuerence à l'Autel, retourna au Palais en c'ét ordre.

Les cent Suisses de la garde marchoient les premiers Tambour battant, puis les Trompettes, Haut-bois, & autres instruments, en aprés les cent Gentil-hommes de la Maison du Roy, auec leur bec de Corbin, conduits par le Marquis d'Humieres leur Capitaine ; marchoient ensuitte les Herauts & les Maitre, & Aidæ, puis le grand Maitre des Ceremonies, en aprés le Maréchal de l'Hôpital portant la grande Couronne de Charlemagne, le Connestable tenant l'Espée du Roy au poing, ayant les deux Huissiers Massiers à ses côtez: le Roy tenant le Sceptre & la Main de Iustice marchoit precedé de tous les Pairs , les Ecclesiastiques à la droite , l'Euéque de Soissons prece-dé de sa Crosse , & assisté de deux Chanoines en Chappe , le tenant toûjours par le bras droit; Le Prince Eugene de Sauoye portoit la queuë du Manteau Royal , le Chancelier marchoit aprés le Roy , puis le grand Maitre auec le grand Chambellan à sa droite , & le premier Gentil-homme de la Chambre à la gauche ; le Comte de Noailles & le Marquis de Charault Capitaines des gardes, étoient aux côtez du Roy , auec les six gardes Escossoises. Le Roy étant arriué dans sa Chambre par la Ga-lerie dressée depuis le grand Portail de l'Eglise , jusqu'à la Salle du Pa-lais Archiepiscopal au milieu des acclamations & des cris de joye de tout le Peuple criant, VIVE LE ROY, & d'vne salue continuelle des gardes. Il quitta ses Gands & sa Chemise, qui furent donnés au sieur de Coislin son premier Aumónier , auquel ap-partient de bruler ces choses, qui pour auoir touché la Sainte Onction ne doiuent seruir à aucun autre vsage. Les autres Prelats auec tout le Clergé demeurerent dans le Chœur, jusqu'à ce que le grand Prieur de S. Remy en fut forty pour repporter la Sainte Ampoule à l'Abbaye de Saint Remy, en même ordre, & auec les mêmes Ceremonies, qu'elle en auoit été apportée.

FESTIN ROYAL.

SI nous voulions d'écrire tout l'ordre, & toute la Magnificence de ce grand Festin, qui fut preparé par les soins & la diligence de Messieurs de la ville de Reims, Nous irions en quelque façon contre nôtre dessein, qui à toûjours été de rapporter icy les choses le plus simplement mais aussi le plus veritablement qu'il nous est possible. Nous dirons donc seulement qu'il y eut cinq Tables dressées dans la grande Salle du Palais. La table du Roy étoit deuant la Cheminée, éleuée

fur vne platte-forme de quatre marches de haut, ayant vn baluſtre tout
à l'entour, & vn riche Daiz au deſſus;
elle fut feruie par les Officiers de
ſa Majeſté, les Trompettes, & les
Herauts marchant au deuant de
chaque Seruice.; La table des Pairs
Eccleſiaſtiques étoit contre les Fe-
neſtres à la droite de celle du Roy,
cinq ou ſix pas au deſſous; Ils étoient
aſſis tous d'vn côté, reuétus Pontificalement en Chappe, auec leurs
Mitres, & l'Euéque de Soiſſons auoit
ſa Croſſe prés de luy, & les deux
Chanoines aſſiſtans en Chappe :
Vis-a-vis de cette table, il y en auoit
vne autre pour les Pairs Laiz, aſſis
auſſi tous d'vn côté, & reuétus de
leur manteau Ducal, auec la Couronne en teſte : La table des Ambaſſadeurs étoit au deſſous de celle
des Pairs Eccleſiaſtiques, en laquelle
étoient d'vne côté le Nonce du
Pape, l'Ambaſſadeur de Venize, &
le Chancelier de France ; Et de
l'autre, les Ambaſſadeurs de Portugal
& de

& de Sauoye, & le Comte de Brulon introducteur des Ambaſſadeurs ; à l'oppoſite de cette Table, étoit encore celle qu'on appelle des Honneurs, où le Duc de Ioyeuſe grand Chambellan de France tenoit le premier lieu, reuétu de même que les Pairs Laiz, puis le Comte de Viuone premier Gentil-homme de la Chambre en même habit, auec les quatre Cheualiers de l'Ordre qui auoient porté les offrandes, & les quatre Seigneurs qui auoient conduit la ſainte Ampoule, tous aſſis de part & d'autre côme les Ambaſſadeurs. Ces quatre Tables furent ſeruies par les Lieutenant& notables Bourgeois de la Ville. Il y en auoit outre cela, quelques autres dreſſées à la maiſon de Ville, où furent magnifiquement traittés le Conneſtable, le grand Maitre, le Maréchal de l'Hôpital, les Capitaines des Gardes, le grand Maître des Ceremonies, le Maître& ſon Aide, & autres Perſonnes de condition.

Le Roy ne ſe mit à table que

H

demy heure aprés qu'il fut arriué
de l'Eglife dans fa Chambre, d'où
il fortit auec fes mémes habits , la
Couronne en tefte, portant le Sceptre
& la Main de Iuftice ; Il étoit precedé des Pairs & autres , en méme
ordre qu'il étoit retourné de l'Eglife.
Il fut conduit à fa table par l'Euéque de Soiffons, lequel ayant fait la
benediction , & Monfieur ayant pris
place à la gauche du Roy, s'en alla
mettre à la Table des Pairs Ecclefiaftiques. La grande Couronne de
Charlemagne, le Sceptre & la Main
de Iuftice, furent pofées fur la table
pendant le dîner, & le Conneftable
tint toûjours l'Efpée nuë au poing ;
Au deffus de la table des Pairs Laiz,
fut dreffé vn petit Theatre auancé
en forme de Balcon, duquel la Reyne
accompagnée des Princeffes & Dames
de condition , voyoit dîner le Roy.

Aprés que le Roy eut dîné, l'E-
uèque de Soiffons s'auança vers la
table , dit les graces , & enfuitte fa
Majefté ayant repris le Sceptre &

la Main de Iuſtice, precedee des Pairs & autres cy-deſſus, fut conduite dans ſa Chambre, auec le même ordre, & les mêmes Ceremonies qu'elle en étoit ſortie : Et l'Euéque de Soiſſons, & autres Pairs Eccleſiaſtiques retournerent à l'Egliſe quitter leurs habits Pontificaux.

CAVALCADE A SAINT REMY.

LE Lundy huitiéme Iuin, le Roy fut en Caualcade à l'Egliſe de S. Remy, pour y entendre la Meſſe, & demander à ce glorieux Apôtre de la France, la continuation des ſoins paternels qu'il a toûjours pris d'vn Royaume qui luy eſt redeuable de ſa Foy, & de ſa conuerſion : Sa Majeſté y fut accompagnée de Monſieur ſon Frere vnique, & de tous les Seigneurs de la Cour, qui n'auoient rien oublié de tout ce qui pouuoit donner du luſtre & de l'éclat à cette Action.

Premierement marchoit la Compagnie des Cheuaux-legers, puis le grand Preuôt auec fon Lieutenant à la teſte de ſoixante Archers de la Pre-uôté, auec leurs Hocquetons ou Caſaques en broderie ; ſuiuoient aprés cinquante ou ſoixante Seigneurs en houſſe de Velours en broderie, riche-ment couuerts & môtés à l'auantage, & derriere eux les cent Suiſſes de la Garde, conduits par le ſieur de Mom-meige leur Capitaine & ſes Officiers ; Puis douze Pages de la Chambre fort bien montés ; en aprés Monſieur le Duc d'Anjou ſuperbement couuert ; Puis le Roy vêtu d'vn habit de toille d'argent à l'antique , le Capot en broderie d'argent , auec vne tocque de Velours noir garnie d'vne aigrette, monté ſur vne Haquenée blanche , couuerte d'vne Houſſe en broderie d'argent fort releuée , autour du Roy étoient les ſix Gardes de la manche , vêtus de leurs Caſaques de Velours blanc en broderie d'or & d'argent , auec vingt-quatre Valets de pied , le Duc de Ioyeuſe grand Chambellan , les Capitaines des

Gardes , & plufieurs autres Seigneurs , fuiuoient immediatement
le Roy, & les cent Gens-d'armes
terminoient toute cette Caualcade.
La Mufique du Roy chanta pendant fa Meffe , aprés laquelle Sa
Majefté retourna au Palais, en même
ordre qu'elle en étoit fortie , au milieu des acclamations de joye de
tout le Peuple.

CEREMONIE DES
CHEVALIERS.

L'Aprés-dînée de ce même jour
huitiéme Iuin , Meffieurs les
Cardinaux & Prelats en Camail &
Rochet , le Chancelier , les Con-
feillers & Secretaires d'Etat , &
autres Seigneurs qui auoient affifté
au Sacre , ayant pris les feances
fur des bancs de part & d'autre ,
proche de l'Autel de l'Eglife Nôtre
Dame, le Nonce du Pape , les Am-
baffadeurs & Refidents des Princes
Etrangers fur leurs Echaffauts de
même que le jour precedent , les

LE SACRE

Chanoines de l'Eglise de Reims sur quatre bancs aux deux côtés de l'Autel, & tous les autres Echaffauts & Galeries étant remplis de même que le jour du Sacre : Sa Majesté vétu comme le matin alla en ladite Eglise, où elle receut l'ordre de la main de l'Euéque de Soissons, & le donna ensuitte à Monsieur, auec les Ceremonies suiuantes.

Le Roy arriua dans l'Eglise par la Galerie dressée de plain-pied depuis la Salle du Palais jusqu'au grand Portail, precedé immediatement de Monsieur, des Cheualiers & Officiers de l'Ordre, en leurs habits de Ceremonie, des cent Gentil-hommes auec leurs becs de Corbins, les Trompettes, Haut-bois, & autres Instruments, marchant deuant eux, ayant le Comte de Noailles, & le Marquis de Charault, Capitaines des Gardes à ses côtés, auec les six Gardes de la manche : Le Roy prit place dans la premiere Chaire haute du côté droit, sur vn

grand tapis de Velours vert semé de
fleurs de Lys d'or, souz vn Daiz de
même, éleué contre le Iubé, dont
les deux grands Escaliers seruants
au Sacre auoient été demolis : Monsieur le Duc d'Anjou prit place sur
vn siege deuant les basses Chaires
du côté gauche, le Duc d'Elbœuf,
le Maréchal de l'Hôpital, le Marquis de Sourdis, & le Maréchal
d'Aumont dans les hautes Chaires
du côté droit, & vis-a-vis dans les
hautes Chaires du côté gauche, le
Prince de Guimené, le Maréchal
d'Estré, le Marquis de Souuré, le
Comte Dorual, & le Duc de Saint
Simon, tous Cheualiers de l'Ordre :
le Comte de Seruient, les Sieurs le
Tellier, de Lionne, & de Bonelle,
Officiers de l Ordre, étoient sur des
sieges dans le Chœur, comme aussi
deux autres Officiers, dont l'vn portoit vne Masse, tous habillez pour
le manteau & la tocque comme
les Cheualiers : le Duc de Ioyeuse
grand Chambellan étoit auprés de

sa Majesté. La Reyne, & la Reyne
d'Angleterre, arriuerent à même
temps dans la Tribune du côté droit
de l'Autel, suiuies des Ducs d'York
de Clocester, de la Princesse d'Angleterre, de la Princesse de Comty,
de la Duchesse de Vendosme, de
la Princesse Palatine, du Prince
Thomas, & autres Personnes de
condition : la Musique du Roy chanta les Vespres, ausquelles l'Euéque
de Soissons officia Pontificalement,
étant proche de l'Autel du côté de
l'Euangile : Les Vespres finies, le
Roy precedé de tous les Cheualiers
& Officiers de l'Ordre approcha de
l'Autel, & s'étant mis sur vn marche-pied de Velours vert en broderie de flammes d'or, souz vn Daiz
de même, l'Euéque de Soissons
luy donna le Cordon bleu, & le fit
Cheualier de l'Ordre, & ensuitte le
grand Chambellan de France luy
ayant otté le Capot, le Sieur de
Lionne luy mit le Manteau Royal
du Saint Esprit ; pendant cette Ce-

remonie, le *Veni Creator* fut chanté
par la Mufique du Roy ; Cela fait,
les Officiers de l'Ordre furent querir
Monfieur, qui vint receuoir le Cordon bleu des mains du Roy , & le
Manteau de l'Ordre : enfuitte faMa-
jefté retourna en fa place auec tous
les autres,& Monfieur prit place dans
les hautes Chaires du côté droit ,
ayans tous le Collier de l'Ordre fur
les Efpaules comme le Roy, le Marquis de Manfiny portoit la queuë du
Manteau Royal : Les Complies furent chantés par laMufique du Roy,
lefquelles finies , fa Majefté retourna
au Palais en même ordre , & mêmes
Ceremonies qu'elle en étoit partie.

LE TOVCHER DES MALADES.

LE Mardy neufiéme Iuin , le
Roy dont la Pieté eft le but
auffi bien que le principe de toutes
fes illuftres Actions fut entendre la
Meffe à Saint Remy , ou ayant Com-
munié par les mains de l'vn de fes
Aumôniers , il fut déjuner dans le

Conuent, & auſli-tôt aprés reuint dans la même Egliſe entendre vne ſeconde Meſſe où ſa Muſique chanta: La Meſſe finie, ſa Majeſté precedée de la Compagnie des cent Suiſſes, de trente Archers du grand Preuoſt, & des Gardes du Corps, accompagnée de Monſieur, du Cardinal Grimaldi, & de pluſieurs Seigneurs de la Cour, entra dans le Parc de l'Abbé, vis-a-vis de l'Egliſe, où étoient deux mille cinq ou ſix cens malades des Eſcroüelles, qu'Elle toucha auec l'ordre qui ſuit.

Sa Majeſté la teſte deſcouuerte, commença par le premier malade, & continua d'vn bout à l'autre des deux côtés de la grande allée, leur touchant le viſage de ſa Main droite, toute ouuerte, du front au menton, & d'vne joüé à l'autre, auec vn ſigne de Croix, & prononçant à même temps les paroles accoûtumées, *Dieu te gueriſſe le Roy te touche*, le Marquis de Charault Capitaine des Gardes étoit auprés du Roy, & le

Cardinal Grimaldi le suiuoit pour distribuer à ces malades quelque argent à mesure que sa Majesté les touchoit, ce qu'elle faisoit de si bonne grace, auec tant de promptitude, de bonté, & de deuotion, que tout le monde en étoit rauy, & quoy qu'il y eut vn si grand nombre de malades, & que le temps fut fort chaud, Sa Majesté ne se reposa que deux fois pour prendre vn verre d'eau ; Ensuitte de cette action de pieté, le Roy en fit vne autre de bonté & de misericorde, donnant abolition generalle aux Criminels de toute sorte de condition, qui étoient venus se rendre prisonniers à Reims, en nombre de plus de six mille.

Il seroit à souhaiter que les coupables fussent aussi bien guaris que les malades ; que ceux qui ont obtenu le pardon de leurs crimes, eussent tous quitté leurs mauuaises habitudes, comme ceux qui ont été touchés ont déja pour la pluspart veu tarir la source de leur mal, sans

autre marque que celle qui eſt ne-
ceſſaire pour rendre temoignage à
la grandeur du miracle, & du miracle preſque auſſi general , & auſſi
étendu que le nombre des miſera-
bles ; Cela veut dire que la pieté du
Roy va encore plus loing que ſa
puiſſance; par celle-cy il agit comme
Roy, par celle-là comme Roy tres-
Chrétien, l'vne eſt vne ſuitte de ſa
naiſſance qui le met en poſſeſſion de
ſon Royaume, l'autre eſt vn appana-
ge de ſon Sacre qui l'éleue au deſſus
des autres Roys , & qui le fait agir
d'vne maniere qui n'a rien de com-
mun auec toutes les autres Puiſſáces.

Si nous n'auions promis de finir ce
recit a peu prés comme nous l'auions
commencé, c'eſt à dire, de n'y faire
autre mélange, n'y y apporter d'autre temperamment que celuy de la
ſimplicité , & de la verité , nous
pourrions nous étendre d'auantage
ſur ces glorieuſes Prerogatiues ; nous
pourrions groſſir & enfler ce diſcours
par des remarques , & des circon-

stances qui ne seroient peut étre pas
desagreables, & sur la guerison des
malades, que l'on sçait asseurement
étre arriuée à plusieurs Personnes,
& sur l'ouuerture des Prisons , &
plus particulierement sur toutes ces
grandes & merueilleuses Ceremonies
que nous auons rapportées : Mais
ces remarques & ces reflexions que
nous ferions , ou elles seroient generales & communes à tous les Sa-
cres , ou elles seroient particulieres
à celuy dont nous auons parlé. Pour
les generales elles se peuuent voir
dans tous les liures qui ont traitté
de cette auguste matiere , il y a des
Theatres , il y a des Bouquets , il y
a beaucoup de ces magnifiques &
superbes Titres, qui font des remarques, & les estallent aussi auec pompe
& magnificence : & pour les particulieres qui regardent le dernier
Sacre, ceux qui en ont été les témoins
& les spectateurs , en ont peu faire
chacun à sa fantaisie; & ne donner pas
dans leur sens & dans leur pensée,

ce ne feroit pas leur agreér & leur plaire. Il à donc mieux valu s'arréter dans ce qu'ils ne pourroient contredire, & pourueu que leur memoire aye peu garder fidelement, ce qu'ils ont peu voir de leurs yeux, ils auouëront tous en lisant ce qui est icy contenu, qu'il y a vne remarque que l'on peut & doit on faire par tout, c'ét qu'il ny a pas le moindre ombrage de mensonge ny de flaterie. Pour ce qui est des autres qui n'ōt pas eu le bon heur de voir ce que nous disons, ils se contenteront aussi s'il leur plait, de la même satisfaction, & s'ils demandent quelque autre remarque, nous leur promettós d'en adjoûter bien tôt vne, qui vaudra sans doute toutes celles qu'on à peu faire sur vn sujet de si grande importance.

La remarque que nous promettons, c'est celle de la Paix: elle ne peut étre éloignée d'vn Sacre, où il a paru tant de bonté, tant de douceur, tant de grace, & de benediction, d'vn Sacre dont l'Huile & l'Onction, ve-

ritable symbole de Paix , ne s'est
épanduë auec tant d'abondance
sur le Chef, que pour d'écouler par
aprés sur les membres , sur le Roy
premierement duquel elle à remply
& comblé le grand Cœur , & de là
par vne effusion & vn écoulement
qu'il ne peut & ne doit pas retenir,
sur la personne sacrée de la Reyne
sa Mere, sur l'innocence & les belles
esperances que donne Monsieur son
Frere, sur la Pourpre & la dignité de
son Eminence , sur toutes les gran-
deurs& les forces du Royaume,en vn
mot,sur tout le Peuple qui luy est sous-
mis : C'est ce que nous esperons , c'est
ce que nous remarquons , & s'il faut
ainsi dire,c'est ce que nous répandons
sur la fin de ce liure, afin de luy donner plus de jour,&plus de lumiere,par
vn nouueau rayon allumé dans cette
Huile de Paix, de joye, & de conso-
lation , dans cette Huile Celeste &
Diuine, qui donne & marque le plus
glorieux nom de nos Roys, qui fait
toute la reputatiõ de la France, & qui

cōmuniquera aussi quelque rejalisse-
mēt de cette gloire à l'Eglise de Reims
dans c'est ouurage, quoy qu'aussi petit
& aussi simple que la Sainte Ampoule
l'est en apparence: Mais comme cette
Phiole si petite en apparēce & si grāde
en effet, est remplie d'vne liqueur,
qui a toûjours coulé depuis le com-
mancement de cette Monarchie tres-
Chrétienne, & coulera aussi dās toute
l'éstenduë des siecles, comme cette
liqueur sera toûjours connuë, estimée
& reuerée de tous ceux qui ont du res-
pect & de la reuerence pour les choses Saintes & precieuses. Aussi pouuōs
nous croire que la verité & la simpli-
cité de ce liure, qui sont marquées &
trempées pour ainsi parler dans cette
même Huile, reluiront & éclateront
aussi toûjours, sans que l'enuie, la me-
disance, ou la jalousie, puissent effa-
cer leur nom, ny le moindre de leurs
caracters,

Oleum effusum nomen tuum.

FIN.